O direito de ler
e de escrever

O direito de ler e de escrever

Silvia Castrillón

pulo do gato

gato letrado

O DIREITO DE LER E DE ESCREVER
© edição brasileira: Editora Pulo do Gato, 2011
© Silvia Castrillón

Publicado no México por Conaculta – Consejo Nacional para la Cultura y las Artes (2004); na Colômbia, em edição revista e ampliada, por Asolectura – Asociación Colombiana de Lectura y Escritura (2005); na Argentina, pela Conabip – Comisión Nacional de Bibliotecas Populares (2006).
Título original: *El derecho a leer y a escribir*.

COORDENAÇÃO PULO DO GATO Márcia Leite e Leonardo Chianca
INDICAÇÃO Dolores Prades
TRADUÇÃO Marcos Bagno
PREPARAÇÃO DA TRADUÇÃO Márcia Leite
REVISÃO Carla Mello Moreira
PROJETO GRÁFICO E DIAGRAMAÇÃO Mayumi Okuyama
IMPRESSÃO PifferPrint

A edição deste livro respeitou o novo Acordo Ortográfico da Língua Portuguesa.

Dados Internacionais de Catalogação na Publicação (CIP)
(Câmara Brasileira do Livro, SP, Brasil)

Castrillón, Silvia
O direito de ler e de escrever / Silvia Castrillón – Tradução: Marcos Bagno; São Paulo: Editora Pulo do Gato, 2011.

Título original: El derecho a leer y a escribir.
Bibliografia.
ISBN 978-85-64974-00-5

1. Livros e leitura – Aspectos políticos
2. Bibliotecas públicas – Aspectos políticos I. Título.

11-09565   CDD-028

Índice para catálogo sistemático:
1. Livros e leitura 028

FNLIJ
Altamente Recomendável

1ª edição • 5ª impressão • maio • 2022
Todos os direitos desta edição reservados à Editora Pulo do Gato.

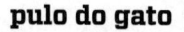

FSC MISTO Papel FSC® C044162

pulo do gato | Rua General Jardim, 482, CONJ. 22 • CEP 01223-010
São Paulo, SP, Brasil • TEL: (55 11) 3214 0228
www.editorapulodogato.com.br

Sumário

6 Como os cinco dedos da mão
por Bartolomeu Campos de Queirós

14 O direito de ler

32 Mudar é difícil, mas possível:
o desafio ético e político do bibliotecário

52 Leitura: educação e democracia

80 A biblioteca cria cidadãos mais bem informados?

86 A sociedade civil pede a palavra:
políticas públicas de leitura e escrita
e participação social

102 SOBRE A AUTORA

Como os cinco dedos da mão

por Bartolomeu Campos de Queirós

Como os dedos da mão, cinco conferências de Silvia Castrillón, pronunciadas em distintos congressos pelo mundo, se juntam agora para compor esta justa e necessária obra: *O direito de ler e de escrever*. Como desiguais são os dedos — mas que se somam em harmonia —, também os textos — embora distintos e singulares — aqui se aproximam e realizam uma unidade capaz de subsidiar todos aqueles envolvidos com a promoção da leitura.

O tratamento conferido pela autora às diferentes circunstâncias que devem ser observadas, ao compreendermos a necessidade da formação de leitores, nos surpreende pela clareza e pelas ponderações exatas. Não fazer do leitor um objeto a mais de consumo, mas reconhecê-lo em sua liberdade de escolha e contribuir com a leitura para que mais e mais essa liberdade abra as asas sobre ele é o que nos propõe a autora. A partir de uma lucidez que derrama luz sobre a inteligência dos leitores, Silvia Castrillón, por ser colombiana, tem em sua cultura raízes comuns a nós, brasileiros. E mais, a autora possui sua existência definitivamente comprometida com as funções sociais e políticas da leitura, realizando tais tarefas com estudo e profundidade.

Em *O direito de ler* — primeira de suas conferências — a pensadora e artesã urde uma trama coerente e rigorosa, que nos acorda para o reconhecimento desse direito de acesso de todos à leitura e a suas funções em uma sociedade mais e mais letrada, que não deve ignorar o pensamento reflexivo como um ato operatório. Sem, contudo, determinar metodologias rígidas, fórmulas e planos fechados, seu pensamento nos impulsiona a descobrir nossos caminhos de acordo com circunstâncias criativas singulares. A autora, pela sua longa prática em formação de leitores, compreende e nos revela que, ao confirmar a liberdade como um direito inalienável, a leitura se faz indispensável para alimentar esta mesma liberdade.

Ao recorrer a pensadores da educação e filosofia — Paulo Freire, Edward Said, Simone Weil —, que há muito reconheceram e praticaram em suas teorias e ações a leitura como caminho para a construção consciente do destino da humanidade, toda reflexão da autora é de nos fazer intuir que cabe ao sujeito, e somente a ele, diante de seu pensamento crítico e inventivo, confirmar-se como um ser de relações. Pela leitura criamos laços e nos aproximamos. Ler é somar--se ao outro, é confrontar-se com a experiência que o outro nos certifica. Por ser assim, a leitura — pelo que existe de individual e ao mesmo tempo de social — nos remete ao encontro das diferenças enquanto nos abre em liberdade para vivê-las em plenitude.

Em seu segundo momento de reflexão, Silvia Castrillón nos convida a raciocinar sobre as peculiares e dificuldades em transformar um comportamento, mas aponta, por sua prática longa e cotidiana de trabalho, que é possível e necessário romper com as amarras para inaugurar um outro tempo.

Usando talvez o dedo indicador, a autora — bibliotecária por excelência e educadora por convicção — indica pertinentes considerações sobre a educação como processo de liberdade e para a liberdade. Ela compreende e justifica que não há escola comprometida com as mudanças se a leitura não é compreendida como o horizonte para o conhecimento, como porta para a compreensão dos fazeres da humanidade e suas novas proposições. E se a educação é a construção contínua da liberdade, só num estado democrático esse projeto se torna possível e objeto maior de procura e intenções.

Para que a biblioteca se faça local de informação, ela deve oferecer a seus usuários uma gama de atividades em torno da leitura. Desse ponto de vista, o bibliotecário se torna um mediador fundamental. Não basta dominar as técnicas e indexações, ser guardião de obras raras. Ao bibliotecário cabe ser um leitor contínuo, um intelectual capaz de transbordar seu comprometimento com o que foi escrito e com o que ainda pode ser escrito a partir da fantasia, e que todos reservam em suas memórias como patrimônio maior. Ao tecer suas considerações sobre a biblioteca, toda força crível da autora aponta para a formação do bibliotecário, seu engajamento com a leitura, sua atitude de confiança diante do social, sempre em movimento. Sua função política, inerente à sua prática, é valer-se da biblioteca como espaço acolhedor por onde circula toda gama de informações, conhecimentos, entretenimentos.

Ao considerar em seus textos todos os valores culturais, sociais e políticos da leitura, Silvia Castrillón dá a palavra à sociedade civil, como capaz de mobilizar as políticas públicas de leituras e livros. Aqui ela confirma a força mobilizadora da sociedade e sua autonomia para exigir a construção de bibliotecas, de aperfeiçoar os processos de educação, de fazer circular os livros e demais outros suportes de leitura.

A Editora Pulo do Gato, ao colocar nas mãos dos leitores uma obra substancial como *O direito de ler e de escrever*, de Silvia Castrillón, deixa entrever seu compromisso não com a formação apenas de leitores, mas com o desejo de uma sociedade mais afinada com seus mais íntimos sonhos: pensar e escolher o próprio destino.

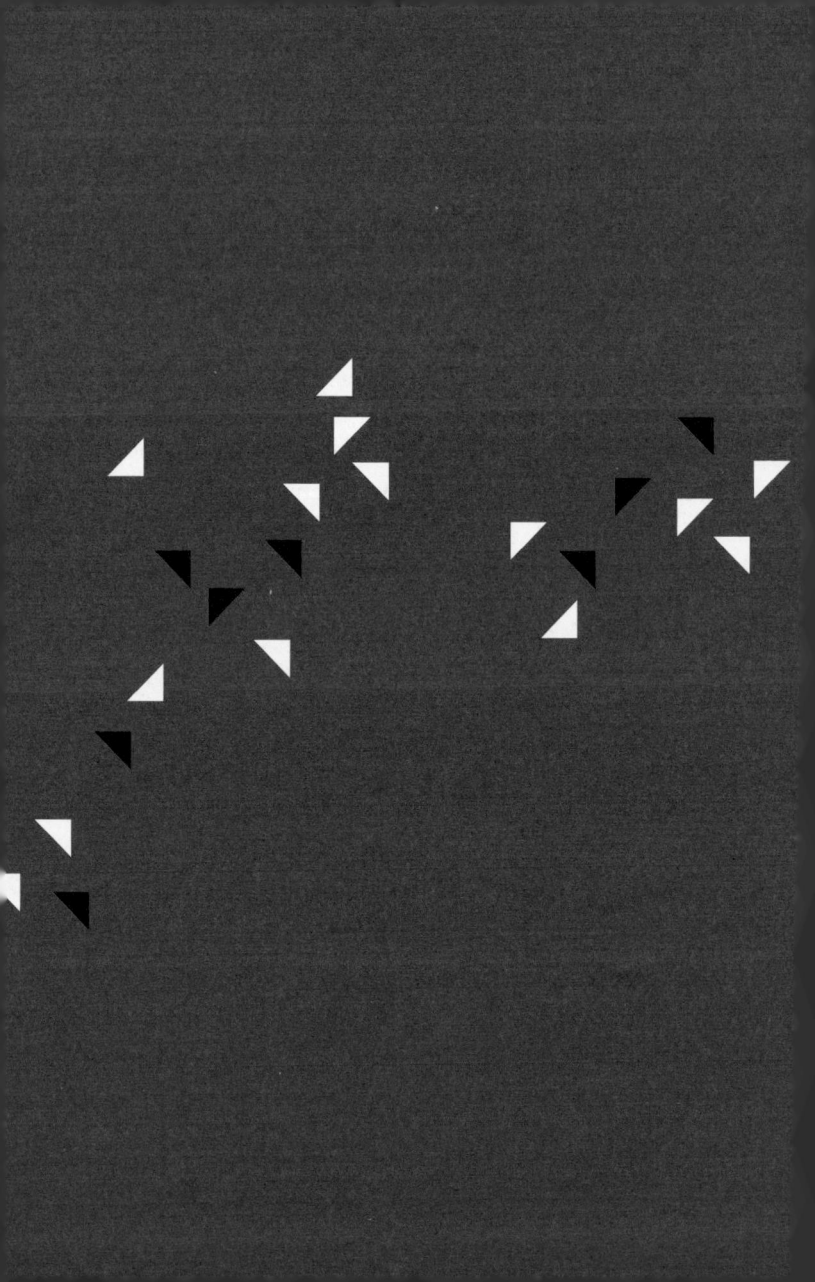

O direito de ler
e de escrever

O direito de ler*

* Conferência apresentada no
Primeiro Colóquio Colombiano-
-Francês de Bibliotecas Públicas,
"Biblioteca y sociedad",
Feira Internacional do Livro
de Bogotá, abril de 2003.
[Transcrição editada.]

O real desafio é o da crescente desigualdade: o abismo que já separava os não alfabetizados dos alfabetizados tem se alargado ainda mais. Alguns nem sequer conseguiram chegar aos jornais, aos livros e às bibliotecas, enquanto outros correm atrás de hipertextos, correio eletrônico e páginas virtuais de livros inexistentes. Seremos capazes de criar uma política do acesso ao livro que incida sobre a superação dessa crescente desigualdade? Ou nos deixaremos levar pela voragem da competição e do lucro, mesmo que a própria ideia de democracia participativa pereça nessa tentativa?

EMILIA FERREIRO

O que vou apresentar a seguir é produto de uma construção coletiva, tanto no plano da reflexão, como no da ação. É a descrição de um projeto político que parte da convicção de que ler e escrever é um direito dos cidadãos, direito que devemos fazer cumprir e que, por sua vez, implica um dever e um compromisso de muitos.

Contudo, apesar do caráter coletivo dessa construção, empregarei, quase sempre, a primeira pessoa do singular, pois, justamente por respeito a essa coletividade e às posições divergentes, não poderia falar em nome de todos.

Parto da convicção de que a leitura não é boa nem ruim em si mesma, de que ela é um direito histórico e cultural e, portanto, político, que deve situar-se no contexto em que ocorre. Historicamente a leitura tem sido um instrumento de poder e de exclusão social: primeiro nas mãos da Igreja, que garantia para si, por meio do controle dos textos sagrados, o controle da palavra divina; em seguida, pelos governos aristocráticos e pelos poderes políticos e, atualmente, por interesses econômicos que dela tentam se beneficiar.

Estou consciente de que ao redor da leitura se movem diferentes propósitos, que a necessidade de sua democratização obedece a diversos fins e que disso depende, em grande parte, o fato de setores excluídos — não só da leitura, mas também de outras manifestações da cultura e da economia — não se apropriarem dessa prática. Em outras palavras: somente quando a leitura constituir uma necessidade sentida por grandes setores da população, e essa população considerar que a leitura pode ser um instrumento para seu benefício e for de seu interesse apropriar-se dela, poderemos pensar numa democratização da cultura letrada.

No entanto, deparamos aqui com um paradoxo: essa situação só poderia ocorrer à medida que os níveis de desenvolvimento melhorem e, ao mesmo tempo, diminuam as desigualdades. Infelizmente, isso não é o que acontece. Em 2003, o editorial do jornal colombiano *El Tiempo* referiu-se ao *Informe sobre desenvolvimento humano* das Nações Unidas e Planejamento Nacional, "Dez anos de desenvolvimento humano na Colômbia", e afirmou que "o modelo de desenvolvimento humano na Colômbia é excludente e injusto", pois, "embora a Colômbia tenha conseguido, apesar da crise econômica mais grave de sua história, avançar em seus índices de desenvolvimento humano na última década, a grande doença nacional continua sendo a desigualdade. [...] Assim, hoje existem mais pobres e mais desigualdade do que no início da década...". Anos se passaram e a situação continua a mesma. O que significa que podemos até seguir avançando em nossos índices de desenvolvimento, mas, se esse avanço não estiver associado a uma luta corpo a corpo contra a desigualdade, elevar nossos índices de leitura *per capita* só significa aumentar a compra de livros, e não estaremos fazendo nada por uma verdadeira democratização da leitura.

Também não creio que a leitura, sozinha, permita o desenvolvimento econômico e social. Em outro editorial do jornal *El Tiempo*, por ocasião da comemoração do Dia do Livro e da abertura da Feira do Livro de Bogotá, afirmou-se que "está demonstrado que os países mais desenvolvidos detêm altos índices de leitura (entre 7 e 10 livros anuais por habitante), enquanto os povos subdesenvolvidos exibem índices precários [...] Tal é o caso da América Latina em geral...". O trecho em destaque desse editorial dizia: "O baixo índice de leitura é um dos principais obstáculos para o desenvolvimento e o emprego na Colômbia", ou seja: havendo mais leitura, haveria mais desenvolvimento. Na realidade, trata-se do contrário: se houvesse mais desenvolvimento, haveria mais leitura, ou, melhor dizendo, mais consumo de livros; assim como mais desenvolvimento, mais consumo de bens culturais e não culturais. Em outro trecho, *El Tiempo* afirma que "este problema deve ser encarado e resolvido como um desafio para educadores, pais de família e estudantes". Na realidade, o problema da leitura só pode ser "encarado e resolvido" por meio de mudanças voltadas a uma mais justa e igualitária distribuição da riqueza.

Por outro lado, quando só se fala em consumo de livros, esquece-se de que possivelmente essa relação entre países pobres e países ricos não se dá de maneira direta quando se trata de produção ou, melhor, de criação. Não necessariamente maior desenvolvimento representa cultura maior ou melhor. Felizmente, para nós, a riqueza de bens materiais não corresponde à riqueza e à diversidade cultural. Pelo contrário, essa riqueza pode, inclusive, ser destruída por aqueles que detêm o poder e os meios econômicos.

A leitura, cito novamente Emilia Ferreiro (2002), é um direito, não é um luxo, nem uma obrigação. Não é um luxo das elites que possa ser associado ao prazer e à recreação, tampouco uma obrigação imposta pela escola. É um direito de todos que, além disso, permite um exercício pleno da democracia.

Por esse motivo, estou — estamos — de acordo com a necessidade de impulsionar ações que garantam a universalização da cultura letrada. O que poderia ser matéria de discussão é o tipo de ações exigidas e a forma de desencadeá-las. E nesses pontos quero me deter um pouco mais.

Farei referências a esses tipos de ações, pois elas manifestam os interesses que as inspiram.

Há várias décadas, três ou quatro, o mundo inteiro tem promovido a leitura por meio de campanhas, planos e projetos que acabam por desviar a atenção do verdadeiro problema, criando a ilusão de que se está fazendo algo pela leitura.

Tais campanhas, em geral, baseiam-se em palavras de ordem que pretendem nos convencer da necessidade dessa prática, sem levar em conta que nada se torna necessário — e muito menos a leitura, que é um exercício difícil, que exige um tempo cada vez mais escasso e um esforço que poucos estão dispostos a realizar — se não se tiver a íntima convicção de que ler pode ser um meio para melhorar as condições de vida e as possibilidades de ser, de estar e de atuar no mundo.

O caráter assistencialista dessas campanhas reforça essa impressão, pois algo suspeito deve se ocultar por trás de um bem que se outorga de maneira tão gratuita e como um favor, especialmente quando há tanto interesse por parte daqueles que nunca manifestaram nenhuma preocupação com o bem-estar dos mais pobres[1].

---

1 Sobre o favor como uma das formas mais corriqueiras da prática política dos países da América Latina, García Canclini (1989, p. 74) escreve: "O favor é tão antimoderno quanto a escravidão, porém 'mais simpático' e suscetível de unir-se ao liberalismo por seu ingrediente de arbítrio, pelo jogo fluido de estima e autoestima ao qual submete o interesse material. É verdade que enquanto a modernização europeia »

Nem a filantropia nem a caridade resolvem problemas básicos de diversas ordens social e cultural, que devem merecer a atenção do Estado, e um desses problemas é o da discriminação e do desequilíbrio no que se refere à participação na cultura letrada.

Digo que essas campanhas desviam a atenção do verdadeiro problema, porque este se localiza na educação e nas possibilidades reais de acesso democrático à leitura e à escrita. Da atenção que se dedique a ambos — educação e acesso — depende a possibilidade de registrar mudanças significativas e não valorizar dados estatísticos que encubram a realidade ao medir a leitura por meio do consumo de livros por indivíduo.

E é aqui que a sociedade civil deve ter clareza, em primeiro lugar, da natureza do problema e da forma de lhe dar solução; e em segundo, dispor de espaços de participação que lhe permitam expressar-se pelo cumprimento do direito à leitura e à escrita e a uma verdadeira inclusão na cultura letrada.

» se baseia na autonomia da pessoa, na universalidade da lei, na cultura desinteressada, na remuneração objetiva e sua ética de trabalho, o favor pratica a dependência da pessoa, a exceção à regra, a cultura interessada e a remuneração por serviços pessoais".

Creio, então, que seria necessário acordarmos sobre alguns pontos básicos.

Em primeiro lugar, é para a educação que se deve dirigir a maior parte dos esforços e, em segundo, são as bibliotecas os meios para a democratização do acesso, desde que nelas se produzam, também, importantes transformações.

Isso significaria reorientar todas as ações para essas duas instituições, isto é, dar prioridade a programas que contribuam a longo prazo para uma melhora da escola e da biblioteca, em detrimento de campanhas e planos de sensibilização que por ventura se revelem supérfluos se não produzirem transformações nessas instituições.

Reorientar os maiores esforços para a escola e a biblioteca deveria significar, também, favorecer o que em termos do mercado se chama demanda, e avaliar se os estímulos para a oferta têm realmente contribuído para melhorar a redistribuição da leitura e da luta contra a desigualdade ou se, pelo contrário, têm aumentado, ainda que sem querer, os privilégios com a bem intencionada, mas talvez equivocada, decisão de pretender democratizar a leitura com estímulos à oferta. Refiro-me, por exemplo, aos estímulos fiscais que algumas legislações estabelecem à produção de livros, julgando que apenas por meio dela é possível promover o acesso ao livro e à leitura.

Uma vez localizadas as prioridades, e para tanto a sociedade civil pode fazer uma contribuição importante, deveria iniciar-se, também com a participação pública, um amplo debate sobre a natureza das ações que poderiam conduzir a uma transformação da escola e da biblioteca. Transformação essa que habilitasse a escola para alfabetizar, no sentido pleno da palavra, e não somente os setores privilegiados da sociedade, que de toda maneira herdam, como se herda um patrimônio familiar — segundo palavras de Delia Lerner (2001) —, sua inserção na cultura letrada. E que habilitasse a biblioteca para garantir o acesso gratuito aos materiais escritos e a outras formas em que a escrita se apresenta. Incluo aqui as possibilidades de acesso às novas tecnologias.

Em diversos encontros nacionais e regionais, a sociedade civil, organizada e impulsionada por organizações que visam abrir espaços para o debate, tem conseguido avançar na discussão sobre as políticas que a sociedade colombiana necessita para garantir o acesso à cultura escrita como um direito cidadão. Nesses debates, chegou-se a algumas conclusões que apresentarei a seguir.

Em primeiro lugar, e sem dúvida a mais importante condição, é o investimento de esforços para melhorar a formação dos docentes. O propósito de formar leitores exige professores bem formados, conscientes da necessidade de mudanças importantes na estrutura social da escola e atualizados, não por meio de cursos breves ou oficinas, mas, sim, por meio de programas de longa duração, que partam de sua prática cotidiana e que também introduzam o conhecimento da teoria e a necessidade da reflexão e do debate. Formação que lhes permita romper com a tradição de ensinar como aprenderam. Professores também formados como leitores e escritores, condição primordial para ensinar a ler e a escrever.

Em segundo lugar, uma escola bem equipada com materiais de leitura, não apenas com textos didáticos que pouco ou nada contribuem para a descoberta de que ler serve para alguma coisa, e sim, com livros e outros materiais impressos, mas não de maneira exclusiva, que permitam que a escola se converta numa "comunidade de leitores e escritores" (LERNER, 2001) e possa adiantar, dentro de todos os seus espaços, práticas de leitura e de escrita que se assemelhem às que a sociedade realiza com a linguagem escrita.

Algo que também requer atenção e reflexão é a gestão do tempo dentro da escola, que oferece cada vez menos possibilidades para a reflexão e o pensamento, sendo que ambos se relacionam diretamente com a leitura. Alunos e professores necessitam de tempo para a leitura, para a reflexão e para o debate, mais tempo para o pensamento e menos para a ação.[2]

Quanto à biblioteca pública, os debates cidadãos realizados nos encontros mencionados levantou a necessidade de que as bibliotecas sejam construídas a partir de projetos das próprias comunidades, que sirvam a seus propósitos, que se convertam em verdadeiros mecanismos de acesso à cultura letrada e, portanto, que permitam democratizar esse acesso, o que significa chegar a toda a população e não de maneira quase exclusiva à escolarizada.

Uma verdadeira democracia participativa necessita de espaços que permitam a todos os cidadãos acesso à informação, ao conhecimento e às manifestações da cultura e da arte. E para que as bibliotecas se assumam como tais espaços, elas devem conceber

---

2 "[...] se paga tributo ao ativismo. A ação (sempre bem vista na escola) chega a tempo para justificar a obscura paixão da leitura". (MONTES, 1997, p. 4-8.)

suas funções e seus serviços para esses fins. É preciso que as bibliotecas se comprometam com um objetivo político, social e cultural muito claro a partir do qual formulem seus planos de trabalho e sua programação de atividades. Preencher estatísticas de "usuários", como o jargão bibliotecário costuma designar os que visitam as bibliotecas, e atividades isoladas de um planejamento não garantem uma contribuição ao propósito de democratizar a cultura letrada.

Gostaria de mencionar uma informação que preocupou aqueles que participaram da consulta cidadã e que diz respeito às bibliotecas públicas. Trata-se da ideia de que elas possam, ainda que minimamente, autofinanciar-se, o que as leva, com demasiada frequência, a programar atividades sem relação alguma com sua função, ações essas que, por sua vez, acabam por degradá-las, ainda que lhes proporcione alguma renda (de todo modo, precária). Se quisermos nos assemelhar aos países desenvolvidos, como é desejo do jornal *El Tiempo*, deveríamos conferir como, nessas mesmas nações, nem o governante mais neoliberal e privatizador teria pretensões de que as bibliotecas pudessem autofinanciar-se, ainda que minimamente.

E se o que pretendemos é inovar nesse aspecto e nos adiantarmos aos países desenvolvidos em matéria de bibliotecas, a Colômbia já está fazendo isso, algumas vezes com excelentes edifícios e outras com seus variados e criativos serviços. Seria, porém, de muita utilidade observar que as bibliotecas que prestam os serviços mais eficientes são as que têm garantido o financiamento: a Biblioteca Luis Ángel Arango, por parte do Estado, e as das Cajas de Compensación, pela via privada. Afinal, são essas que estão se mostrando como exemplo para o mundo.

Para universalizar o acesso à cultura letrada são necessárias mudanças de ordem econômica, política e social que garantam maior igualdade na distribuição da riqueza e dos avanços do desenvolvimento. Mudanças que incluam e que se vinculem com a transformação e a melhoria da escola, ao mesmo tempo que permitam à população o acesso aos bens que são produtos da escrita. Mudanças que dão conteúdo real à luta contra a desigualdade que tanto se menciona como prioridade do Estado.

E, para que essas mudanças sejam possíveis e não se convertam em planos e programas que não saiam do papel por parte do governo, é preciso que estejam inscritas numa política pública formulada com a participação da sociedade civil: com sua experiência, com seu conhecimento e, por que não, com seus sonhos.

Políticas que envolvam mecanismos de ajuste permanente de acordo com as mudanças e as novas necessidades que a sociedade apresente neste setor.

A propósito dessa política, acrescento algumas das conclusões que aparecem no documento produzido pelos Encontros Regionais (ÁLVAREZ, 2002) já mencionados:

> Uma política pública de leitura e escrita é o produto de uma inter-relação dinâmica entre a sociedade que inquire, compromete-se e propõe, e o Estado que trabalha na busca do pleno reconhecimento e na promoção da leitura e da escrita como direitos essenciais das pessoas no mundo contemporâneo. Desse ponto de vista, o Estado ajuda a modelar, conduzir e projetar a sociedade, cumprindo com o fim último para o qual existe: promover o bem comum e o pleno desenvolvimento de todos. E a sociedade atua como instância básica que imprime ao Estado seu dinamismo, mas também a legitimidade e a pertinência necessárias para a ação pública. Por isso, ela permite tanto orientar as tarefas estatais como fortalecer a participação social, gerando uma cultura que aproxime o cidadão do exercício político e torne a política sensível às necessidades sociais. [...] Uma política pública é construída por todos aqueles que,

com sua atuação, com seus saberes e decisões, podem analisar, propor e modificar os modos de pensar, sentir e agir de uma comunidade (município, estado ou nação) em relação à leitura e à escrita. Para poder atuar como construtores da política, é preciso informar-se, formar--se, mobilizar-se, fazer acompanhamento, avaliar e corrigir a marcha de uma política.

Tudo isso significa participar.

REFERÊNCIAS BIBLIOGRÁFICAS

ÁLVAREZ, Didier. *Resultado de los Primeros Encuentros Regionales de Lectura y Escritura*, Colômbia, 2002. Bogotá: Asolectura, 2002.

FERREIRO, Emilia. *Pasado y presente de los verbos leer y escribir*. México: FCE, 2002. [ed. bras. *Passado e presente dos verbos ler e escrever*. São Paulo, Editora Cortez, 2008.]

GARCÍA CANCLINI, Néstor. *Culturas híbridas*. México: Grijaldo, 1989. [ed. bras. *Culturas Híbridas*. São Paulo, Edusp, 2006.]

LERNER, Delia. *Leer y escribir en la escuela*: lo real, lo posible y lo necesario. México: FCE. 2001. [ed. bras. *Ler e escrever na escola*: o real, o possível e o necessário. São Paulo, Editora Artmed, 2002.]

MONTES, Graciela. Ilusiones en conflicto. *La Mancha*, Cidade, n. 3, p. 4-8, mar. 1997.

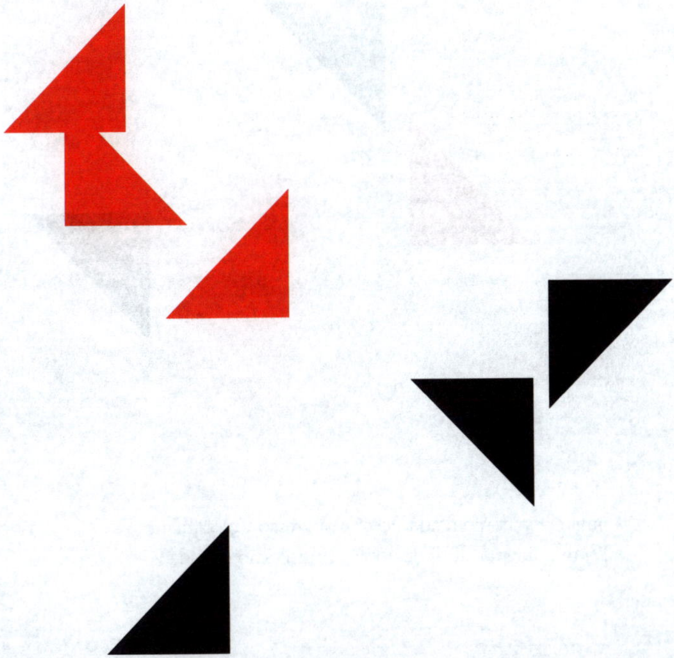

Mudar é difícil, mas possível:

o desafio ético e político do bibliotecário*

* Conferência apresentada no 5º Congresso Colombiano de Leitura, Bogotá, abril de 2002. [Transcrição editada.]

UMA HOMENAGEM

Gostaria de homenagear alguns dos autores aos quais devo grande parte das reflexões que têm me ocupado já há algum tempo e que compartilho agora com vocês. Em primeiro lugar, a Paulo Freire, mestre de mestres, no sentido literal e figurado da expressão, e a quem devo o título desta intervenção: *mudar é difícil, mas possível*. Autor necessário e de grande atualidade, que sempre teve o compromisso com uma sociedade mais justa, e nunca se envergonhou de assumir opções políticas. A Edward Said, que considerava a si mesmo um intelectual comprometido, sem posturas partidárias nem ortodoxas nem dogmáticas e que acreditava que não podia haver opção diferente para um intelectual. A Simone Weil, que também, literalmente falando, entregou a vida ao ideal de um mundo mais justo. Por fim, gostaria que reconhecêssemos a todos os que não renunciaram ao sonho e à utopia de um mundo mais amável, em que todos sejam respeitados e possam contar com uma posição digna.

Nesta exposição me referirei ao papel ético e político do bibliotecário e, em especial, ao do bibliotecário que tem a seu cargo a biblioteca pública. Mas, para tanto, farei algumas considerações a respeito do caráter público da biblioteca e de sua responsabilidade como instituição a serviço de um projeto que contribua para uma mudança social inadiável para o país e para o mundo contemporâneo, tendo em conta que, como diz Paulo Freire (1997, p. 77): "preservar as situações concretas de miséria é uma imoralidade".

O PÚBLICO DA BIBLIOTECA

Ninguém duvida de que a biblioteca pública é uma instituição posta a serviço de uma comunidade mais ou menos ampla, dependendo de sua capacidade de convocação e do perfil e orientação que se dê a ela. No entanto, há bibliotecas públicas que, apesar desse adjetivo, ocupam suas instalações e verbas a serviço de um setor restrito da população. Outras, ou ainda estas mesmas, oferecem limitadas possibilidades para que pessoas iniciadas no desejo de ler tenham acesso a materiais de leitura. Eu me pergunto, porém: isso é suficiente para atribuirmos o adjetivo de pública à biblioteca e para ficarmos satisfeitos com sua função? Não teria essa biblioteca maior responsabilidade social?

A biblioteca é um bem público que se restringe de muitas maneiras, por exemplo: dando prioridade, em seus serviços, a um setor da sociedade, abrindo suas portas somente aos que de maneira espontânea — ou, por vezes, obrigada — chegam a ela, privilegiando algumas de suas funções, limitando seus recursos e coleções, programando atividades de um só tipo ou destacando algumas, como a da circulação e do consumo passivo da informação[1], entre outras.

---

[1] Com relação ao acesso à informação, é necessário ressaltar, também, aquilo que com muita clareza postula Alfredo Ghiso (2001, p. 3) quando fala das dinâmicas de lazer e reprodução das "relações de poder pelo saber que o modelo social capitalista tem gerado, provocando a desigualdade. Uma biblioteca popular, habitualmente, reproduz relações subalternas nas pessoas marginalizadas e excluídas do saber, ao manter e oferecer informação desatualizada, ao manejar bases de dados pobres para pobres. [...] Informação que não autoriza ou potencializa os sujeitos sociais, individuais ou coletivos, por sua falta de pertinência; ou por que, ainda que disponham de informação atualizada ou adequada, »

Na medida em que se aceita, sem discussão, que as funções de uma biblioteca pública se limitam ao apoio ao sistema escolar, à oferta de lazer por meio de atividades recreativas e ao acesso à informação para quem a solicita, perdem-se de vista outras possibilidades que a tornariam mais necessária e vital para a sociedade.

Um país requer bibliotecas que possam ir mais além desse plano mínimo de trabalho. Bibliotecas que, em primeiro lugar, se convertam em meios contra a exclusão social, isto é, que se constituam em espaços para o encontro, para o debate sobre os temas que dizem respeito a maiorias e minorias; bibliotecas onde crianças, jovens e adultos de todas as condições, leitores e não leitores, escolares e não escolares, encontrem respostas a seus problemas e interesses e lhes sejam abertas novas perspectivas.

Também são necessárias bibliotecas que, por meio do debate público sobre temas que dizem respeito aos cidadãos, provoquem a reflexão, a crítica e o questionamento e sejam instrumentos capazes de apoiar, sem qualquer tipo de pressão, a tomada de consciência e a real formação cívica e cidadã. Formação essa

» os usuários não estão em condições de se apropriar dela, devido a suas deficiências nos processos de aprendizagem".

que não intente exclusivamente a baixar as taxas de abstenção eleitoral, mas, basicamente, a formar sujeitos autônomos, o que significa uma formação contrária a posturas hegemônicas. Uma formação que permita aos cidadãos agir como tais, capazes de intervir de maneira eficaz nos destinos de sua comunidade, de sua cidade, de seu país, e, ao mesmo tempo, conhecer os acontecimentos mundiais e deles participar, especialmente quando estes, num mundo globalizado, afetam seu futuro.

Bibliotecas que ofereçam um acesso real e universal à informação, sem a qual não é possível sobreviver em mínimas condições de humanidade. Muitas vidas poderiam ser salvas e muitos seres humanos viveriam de maneira mais digna se o acesso à informação fosse realmente universal. Um outro tipo de informação mais elaborada e essencial para a construção de conhecimento, informação que cada vez mais se concentra em centros de poder limitados. O bibliotecário brasileiro Emir Suaiden (2001, p. 2) afirmou, em uma conferência pronunciada em Madri, que "é cada vez mais claro que, em um mundo globalizado, somente as pessoas com acesso à informação e ao conhecimento terão reais oportunidades para melhorar sua qualidade de vida".

Enfim, precisamos de bibliotecas que fomentem o interesse e o gosto pela leitura, que permitam a descoberta do valor que ela tem como meio de busca de sentido, como referência de si mesmo no mundo e para o reconhecimento do outro. Bibliotecas onde a leitura não seja concebida como uma forma de passar o tempo, de se divertir, mas como algo imprescindível para um projeto de vida que pretenda superar uma sobrevivência cotidiana. Um lugar em que a leitura, segundo palavras de Pierre Bourdieu (1997, p. 38-40), permita "o pensamento pensante", "o pensamento lento", contra o *fast thinking* imposto pelos meios de comunicação de massa.

Dessa forma, uma biblioteca precisa estabelecer para si mesma novos indicadores de gestão. Não é possível continuar avaliando resultados e ficar satisfeito com o número de cadeiras ocupadas ou livros consultados. Nada disso é necessário nem representa a importância da contribuição das bibliotecas para a democracia. Geralmente o que se oferece à opinião pública são informações sobre o resultado dos investimentos públicos por meio de números sem conteúdo, o que conduz apenas à valorização deles mesmos, sem qualquer reflexão crítica.

A única forma de obter bibliotecas que cumpram esses novos desafios é contar com um bibliotecário que se apresente como um intelectual capaz de assumir um compromisso ético e político com seu país e com a sociedade, e que responda pela administração de um instrumento público, que, por sua vez, deve estar a serviço de um mundo mais justo para todos os cidadãos.

Esse intelectual, nas palavras de Edward Said (1996, p. 29-30):

> [...] é um indivíduo com um papel público específico na sociedade e que não pode se limitar a ser um simples profissional sem rosto [...]. Para mim, o fato decisivo é que o intelectual é um indivíduo dotado da faculdade de representar, encarnar e articular uma mensagem, uma visão, uma atitude, uma filosofia ou uma opinião **para** e **a favor** de um público.

Creio que não podemos duvidar da condição de intelectual que o bibliotecário deve ter, uma vez que, tanto quanto o professor, trabalha com recursos intelectuais, informação, livros, leitura e leitores, ou seja, com objetos e pessoas envolvidos em processos intelectuais. Dessa maneira, o *status* e o papel do bibliotecário é revalorizado quando se aceita que seu trabalho supera o estritamente técnico-profissional e se reconhece que esse trabalho permite a outros transcender e melhorar sua condição humana.

Mas não bastaria afirmar que o bibliotecário, em sua condição de intelectual, tem um compromisso com um público sem que se defina esse público ou, pelo menos, sejam mencionados os princípios desse compromisso. Sobre esse ponto, Edward Said (1996, p. 30) afirma que:

> O intelectual atua desta maneira partindo dos seguintes princípios universais: todos os seres humanos têm direito a esperar pautas razoáveis de conduta no que diz respeito à liberdade e à justiça por parte dos poderes ou nações do mundo; e: as violações deliberadas e inadvertidas de tais pautas devem ser denunciadas e combatidas com valentia.

O BIBLIOTECÁRIO: SER ÉTICO E POLÍTICO

Recentemente, tem sido levantada, com certa insistência, a necessidade de que as bibliotecas cumpram funções relacionadas com o exercício da democracia, e vários encontros realizados referem-se ao tema biblioteca e sua relação com a cidadania[2]. Essa função, contudo, limita-se a contribuir para o acesso à informação. Se levarmos em conta que "miséria e democracia são incompatíveis", como diz Herbert de Souza, citado por Emir Suaiden (2001) na conferência mencionada, e que a miséria constitui uma violação dos princípios de liberdade e justiça dos quais fala Edward Said, é natural supor que o bibliotecário, em seu papel de intelectual comprometido, e, insisto, que tem em suas mãos um instrumento de democratização como deveria ser a biblioteca, deva contribuir na luta contra a miséria e contra tudo o que restrinja a liberdade de pensamento e a liberdade de eleger entre opções que possibilitem uma vida digna, ou seja, contra todas as violações dos princípios universais de justiça e liberdade. O contrário é moda e retórica.

Tudo o que se disse anteriormente implica uma postura política. Não creio que seja possível viver no mundo contemporâneo sem assumir um compromisso com o país, com a mudança, com a busca de um futuro melhor. E esse compromisso, uma vez que implica escolha e ação, é necessariamente político.

2 Sobre este tema, ver Silvia Castrillón (2001).

Se tudo estivesse bem, se não fosse preciso mudar nada, se estivéssemos contentes com o mundo e com o país que temos, se todos os seres humanos e, em especial, todos os nossos compatriotas ocupassem um lugar digno no mundo, se vislumbrássemos um futuro mais humano para nossos filhos e netos, possivelmente poderíamos definir outro tipo de tarefas para as bibliotecas, e provavelmente nós, os bibliotecários, poderíamos esquecer que temos um dever social.

Ora, acerca da noção de *dever*, Simone Weil afirma que ela prima pela noção de *direito*. Em seu livro póstumo, editado por Albert Camus, *O enraizamento*, ela dedica um capítulo ao tema do dever, do qual Juan Ramón Capella (1996, p. 14), no prólogo do mesmo livro, resume o seguinte:

> Primeiro nascem os deveres; só a partir dos deveres cabe chamar direito à capacidade de exigência do dever alheio. Ao admitir os *próprios* deveres, adota-se o ponto de vista de quem reconhece o outro e não de quem tolera, [...] [pois] é arrogante, prepotente e não democrático tolerar o diferente.

Paulo Freire (1997, p. 52) também fala da noção de dever de maneira reiterada ao longo de sua obra:

A partir do momento em que os seres humanos [...] foram criando o *mundo*, inventando a linguagem com que passaram a dar nome às coisas que faziam com sua ação sobre o mundo, à medida que foram se preparando para entender o mundo [...], já não foi possível *existir* exceto estando disponível para a tensão radical entre o bem e o mal, entre a dignidade e a indignidade, entre a decência e o impudor, entre a beleza e a feiúra do mundo. Ou seja, já não foi possível *existir* sem *assumir* o direito ou o dever de optar, de decidir, de lutar, de fazer política.

Numerosas posições se levantam contra esse dever ético e político que o ser humano tem de intervir no mundo: uma delas é o desprezo pela política, identificada com a atuação daqueles que dela se aproveitam para fins particulares; outra é a posição elitista que assume o intelectual como um ser que está acima do bem e do mal e que não deve se comprometer, pois nisso consiste sua liberdade e autonomia; uma terceira afirma que não é profissional assumir uma posição a favor ou contra algo[3]; e a última delas é a fatalista:

---

3 Com relação ao profissionalismo, Edward Said (1996, p. 82) nos diz: "A ameaça particular que hoje pesa sobre o intelectual [...] não é a »

sustenta que já não existe nenhuma possibilidade de mudança, que não é possível fazer mais nada contra o determinismo neoliberal[4].

A TAREFA DO BIBLIOTECÁRIO

Não gostaria de deixar essas reflexões na mera teoria e, por isso, me atrevo a sugerir algumas das ações que deveriam ocorrer nas bibliotecas, destinadas a fazer com que seu papel como entidade útil na participação, na democratização e numa real e positiva mudança

» academia [...] nem o aterrador mercantilismo de jornalistas e editoras, mas sim uma atitude que eu definiria, com gosto, como profissionalismo. Por profissionalismo entendo o fato de que, como intelectual, você conceba algo que faz para ganhar a vida, entre as nove da manhã e as cinco da tarde, com um olho no relógio e o outro voltado ao que se considera ser a conduta adequada profissional: não causando problemas, não transgredindo os paradigmas e limites aceitos, tornando-se vendável no mercado e sobretudo apresentável, isto é, não polêmico, apolítico e 'objetivo'."

4 Paulo Freire (1997, p. 106 e 107) também se refere a essa negação da política do compromisso, afirmando que ela não pode esconder a forma menosprezadora com que muitos entendem a política. "Para que a educação não fosse uma forma política de intervenção no mundo seria indispensável que o mundo em que ela se desse não fosse humano".

social não seja letra morta num documento sobre a missão da biblioteca.

Em primeiro lugar, organizar debates públicos que não se pareçam com um espetáculo, nem cujos temas sejam decididos exclusivamente por sua atualidade, mas sim por sua necessidade. Temas que tenham a ver com os problemas do dia a dia, mas também com outros menos conjunturais. Temas polêmicos. O sociólogo francês Pierre Bourdieu, recentemente falecido, ao se referir aos meios de comunicação, denunciou a prática de *ocultar mostrando*, ou seja, mostrar apenas o inócuo porque é atual, porque está na moda ou porque a imprensa fala disso; ou quando se mostra apenas o que é dispensável daquilo que é importante e necessário. Temas nos quais aqueles que têm posições divergentes da opinião hegemônica não sejam convidados somente como prova de tolerância, mas que possam ter voz de verdade, em cumprimento de um dever correspondente ao direito da comunidade de se informar plenamente.

Em segundo lugar, não se contentar com o público dos já iniciados que chega espontaneamente à biblioteca ou com o dos obrigados pela tarefa escolar, mas sim desenhar ações para que a biblioteca chegue àqueles que se sentem excluídos das atividades relacionadas com o pensamento ou com opções de vida não inscritas na sociedade majoritária.

Uma terceira responsabilidade, que eu qualificaria de ética, refere-se à seleção de livros e à aquisição de outros materiais, escolha que também dá conta da orientação e do perfil da biblioteca e pode constituir uma forma de censura. Cuidar com especial esmero dessa seleção. Ter sempre em mente que o investimento está sendo realizado com dinheiro público e que unicamente com o melhor será possível formar leitores. Inclusive porque as limitações orçamentárias obrigam a isso.

E PARA TERMINAR, O SER BIBLIOTECÁRIO

Para que essas conquistas sejam alcançadas, são necessárias mudanças significativas na formação e na vocação do bibliotecário, mudanças que se orientem essencialmente para conseguir:

1 Um bibliotecário leitor. Crítico e reflexivo. Leitor da realidade e leitor de livros que o ajudem a ler essa realidade. Não podemos continuar a aceitar que o bibliotecário não seja leitor. Todas as ações

que conduzam a biblioteca a se tornar uma instituição que contribua para a mudança passam pela leitura. Sem ela é inconcebível um projeto que pretenda fazer da biblioteca um instrumento a serviço da democracia. Nenhuma pessoa — menos ainda um bibliotecário que trabalha com livros e leitura — deve sucumbir às pressões da vida cotidiana e renunciar a melhorar sua condição como ser humano, algo para o qual a leitura contribui como forma de transcender e de superar uma sobrevivência imediatista.

2 Um bibliotecário que não se sinta inibido para escrever. Fazer uso da escrita não significa, necessariamente, tornar-se autor. No entanto, a escrita é necessária para que ele possa pensar e colocar em ordem suas ideias, registrando e comprovando seu trabalho, comunicando a outros sua experiência e também, de certo modo, superar-se. Escrever, inclusive, aumenta a confiança e a segurança em si mesmo.

3 Um bibliotecário curioso, com desejos de explorar, de pesquisar — ainda que não seja obrigatoriamente um pesquisador —, de buscar novas mudanças e soluções.

4 Um bibliotecário bem informado, para o qual não seja suficiente a informação que lhe oferecem os meios de comunicação.

5 Enfim, um bibliotecário que se assuma como mais do que um profissional eficiente, cujo compromisso exceda o de sua família[5]. Que se assuma como um ser ético "capaz de comparar, de avaliar, de intervir, de escolher, de decidir, de romper" (FREIRE, 1997, p. 32).

Gostaria de acreditar que não é tarde demais para que mudanças aconteçam, e creio não estar equivocada quando focalizo as esperanças dessa mudança na educação, mas não em uma educação que se meça unicamente por vagas escolares, que são importantes, não nego, mas insuficientes; uma educação de qualidade que não pense exclusivamente em educar para a produtividade, mas sim que — especialmente — desenvolva as atitudes éticas, uma educação que permita vislumbrar um futuro

---

5 "A verdadeira liberdade não se define por uma relação entre o desejo e a satisfação, mas por uma relação entre o pensamento e a ação" (WEIL, 1995).

melhor; que não produza seres fatalistas impedidos de sonhar um mundo mais humano. Uma educação que não aconteça somente na escola, pois a biblioteca tem nela um papel protagonista.

Há pessoas, no entanto, que creem que declarações dessa natureza pertençam ao mundo da fantasia. Prefiro pensar como Simone Weil (1995, p. 128):

> Descrever, ainda que sumariamente, um estado de coisas que seria melhor daquele que existe é sempre construir uma utopia; contudo, não existe nada mais necessário para a vida do que tais descrições, desde que sejam ditadas pela razão.

E eu, por minha parte, acrescentaria: desde que essas utopias sejam ditadas pela razão e pela imaginação, que não são inimigas entre si.

REFERÊNCIAS BIBLIOGRÁFICAS

BOURDIEU, Pierre. *Sobre la televisión*. Barcelona: Anagrama, 1997. [ed. bras. *Sobre a televisão*. Rio de Janeiro: Zahar, 1997.]

CAPELLA, Juan Ramón. Simone Weil o la visión del desarraigo moderno. In: WEIL, Simone. *Echar raíces*. Madrid: Trotta, 1996. [ed. bras. *O enraizamento*. Bauru: Edusc, 2001.]

CASTRILLÓN, Silvia. ¿Crea la biblioteca ciudadanos mejor informados?. In: COLÓQUIO LATINOAMERICANO Y DEL CARIBE DE SERVICIOS DE INFORMACIÓN A LA COMUNIDAD, 1. ed., 2001, Medellín. Anais Medellín: Universidad de Antioquía, 2001.

FREIRE, Paulo. *Pedagogía de la autonomía*. México: Siglo XXI, 1997. [ed. bras. *Pedagogia da autonomia*. 43. ed. São Paulo: Paz e Terra, 2011.]

GHISO, Alfredo. Bibliotecas populares comunitarias: tránsitos y negociaciones socioculturales. In: COLÓQUIO LATINOAMERICANO Y DEL CARIBE DE SERVICIOS DE INFORMACIÓN A LA COMUNIDAD, 1., 2001, Medellín. Anais Medellín: Universidad de Antioquía, 2001.

SAID, Edward. *Representaciones del intelectual*. Barcelona: Paidós, 1996. [ed. bras. *Representações do intelectual*. São Paulo: Companhia das Letras, 2005.]

SUAIDEN, Emir José. *El impacto social de las bibliotecas públicas en la lectura*. Ponencia presentada en el I Simposio Internacional Iberoamericano sobre Literatura Infantil y Lectura: Nuevos Espacios Para la Lectura en el Siglo XXI. Madrid, 22-24 noviembre, 2001.

WEIL, Simone. *Echar raíces*. Madrid: Trotta, 1996. [ed. bras. *O enraizamento*. Bauru: Edusc, 2001.]

_____. *Reflexiones sobre las causas de la libertad y de la opresión social*. Barcelona: Paidós, 1995. [ed. bras. *Opressão e liberdade*. Bauru: Edusc, 2001.]

Leitura:
educação e democracia*

* Conferência apresentada no Simpósio Ibero-
Americano sobre Literatura Infantil e Leitura:
Novos Espaços para a Leitura no Século XXI,
Madrid, novembro de 2001. [Transcrição editada.]

> *De um ponto de vista crítico,
> é tão impossível negar a natureza
> política do processo educativo
> quanto negar o caráter
> educativo do ato político.*
>
> PAULO FREIRE

Pensar em novos espaços para a leitura no século XXI nos países latino-americanos, e na Colômbia em particular, remete-nos a uma reflexão que, necessariamente, deve considerar o que vem ocorrendo em nossa região no que diz respeito à leitura. Uma sociologia e uma história da leitura na América Latina são empreendimentos que, como bem diz García Canclini, algum dia serão realizados e poderão ser de muita utilidade caso não se queira repetir os erros do passado.

Mas, enquanto ficamos à espera de que alguém se interesse por empreender essa tarefa, podemos arriscar alguns pressupostos, recorrendo à ajuda daqueles que, com suas reflexões, iniciaram o debate sobre a situação da leitura entre nós e sobre as melhores formas de contribuir para que grandes setores da população não sejam privados dessa necessária ferramenta do pensamento.

É inegável que, nas últimas décadas, foram realizados esforços notáveis para melhorar a formação de leitores e ampliar as possibilidades de acesso à cultura letrada em boa parte dos países da América Latina. Esforços que, com interesses diversos, provêm quer do setor público, quer do privado. Por outro lado, também é inegável afirmar que tanto nos meios acadêmicos como nos setores que se ocupam da produção e circulação do livro, temos a desalentadora percepção de que foram poucos os avanços ou, ao menos, de que eles não correspondem aos esforços investidos.

Sem entrar em considerações sobre a validade e pertinência desses projetos e sem pretender avaliá-los e, muito menos, desqualificá-los, levantarei algumas hipóteses com o propósito apenas de colocar em debate alguns pontos que ainda não se apresentam concluídos.

Um dos problemas fundamentais reside no fato de que a leitura tem sido promovida como algo de que se pode facilmente prescindir, como um luxo de elites que se deseja expandir, como leitura "recreativa" e, portanto, supérflua. E isso numa sociedade em que, segundo as estatísticas, 70% da população se encontra abaixo dos níveis de pobreza ou pobreza absoluta, população para a qual basta e sobra apenas televisão para recrear-se, algo que não exige nenhum esforço de quem já tem feito demais para conseguir sobreviver.

Nesse contexto, a moda das campanhas e de programas de leitura baseados no lúdico, no prazer, no lazer, na diversão — com o mote de que ler é fácil e com lemas do tipo "ler é bonito", e que reforça a oposição ao dever, ao esforço, à dificuldade e à obrigação associados à escola — teve intenções positivas, mas ingênuas, pois criou, por um lado, falsas expectativas e, por outro, associou a leitura a uma ação inútil e descartável.

O caráter assistencialista dessas campanhas reforça essa sensação, pois algo de suspeito deve se ocultar por trás de um bem que é outorgado de maneira tão gratuita e quase como um favor, especialmente quando há tanto interesse por parte daqueles que nunca manifestaram nenhuma preocupação com o bem-estar dos mais pobres[1]. As oligarquias latino-americanas

---

1 A esse respeito diz Paulo Freire (1968): "A alfabetização aparece [...] não como um direito (um direito fundamental), o de dizer a palavra, »

nunca permitiram que os benefícios da modernização alcançassem as grandes maiorias. Não é preciso buscar em outro lugar a origem dos nossos grandes conflitos[2].

A contradição nos programas de incentivo à leitura começa a se apresentar quando eles surgem da necessidade que os setores associados à produção do livro têm de ampliar o mercado em benefício exclusivo de seus próprios interesses, o que conduz à

» mas como um presente que os que 'sabem' dão aos que 'nada sabem'. Começando, dessa forma, por negar ao povo o direito de dizer sua palavra, uma vez que a presenteia ou a prescreve alienadamente, não pode constituir-se num instrumento de mudança da realidade [...]".

E sobre o favor como uma das formas mais corriqueiras da prática política dos países da América Latina, García Canclini (1989, p. 74) escreve: "O favor é tão antimoderno quanto a escravidão, porém 'mais simpático' e suscetível de unir-se ao liberalismo por seu ingrediente de arbítrio, pelo jogo fluido de estima e autoestima ao qual submete o interesse material. É verdade que enquanto a modernização europeia se baseia na autonomia da pessoa, na universalidade da lei, na cultura desinteressada, na remuneração objetiva e sua ética de trabalho, o favor pratica a dependência da pessoa, a exceção à regra, a cultura interessada e a remuneração por serviços pessoais".

2 "Modernização com expansão restrita do mercado, democratização para minorias, renovação das ideias, mas com baixa eficácia nos processos sociais. Os desajustes entre modernismo e modernização são úteis para as classes dominantes a fim de preservar sua hegemonia, e às vezes não ter de se preocupar em justificá-la, por serem simplesmente classes dominantes" (GARCÍA CANCLINI, 1989, p. 67).

necessidade de formar um público de consumidores de um bem cultural que, em si mesmo, constitui uma ferramenta de reflexão e, portanto, de mudança. Dessa contradição resulta, então, o impulso por campanhas que apresentam o livro desprovido de todo poder de pensamento e, portanto, de transformação social.

É absolutamente contraditório que a promoção de instrumentos para a reflexão e para o pensamento, como o livro e a leitura, seja realizada a partir de campanhas e programas antidemocráticos, paternalistas e, em suma, sectários, visto que só convidam ao consumo acrítico e que não levam — como diz Jesús Martín-Barbero — "a despertar o que há de cidadão no consumidor", que não dão a opção de escolher e que não permitem a autonomia[3].

Na tentativa de resolver essa contradição, ou seja, no momento em que se pretende estimular a leitura

---

3 É possível que a muitas das ações no campo da leitura se possa aplicar as palavras de Paulo Freire (1969, p. 42): "O sectarismo nada cria porque não ama. Não respeita a opção dos outros. Pretende impor a sua — que não é opção, mas fanatismo — a todos. Daí a inclinação do sectário ao ativismo, que é a ação sem controle da reflexão. Daí seu gosto por slogans que dificilmente ultrapassam a esfera dos mitos e, por isso mesmo, morrem em suas próprias verdades, se nutrem do puramente 'relativo' ao qual atribuem valores absolutos".

sem a intenção de criar verdadeiros leitores críticos e autônomos, promovendo o livro como um bem de fácil consumo, a ele é dado competir, e em desvantagem, com outros meios com os quais é difícil disputar o monopólio do lazer fácil e descompromissado. O livro, desse modo, perde seu verdadeiro valor.

O segundo problema se encontra, em minha opinião, em se ter dado as costas para a escola e para a educação. No discurso de especialistas técnicos e políticos e, em geral, da opinião pública, costuma-se apresentar como prioridade inadiável para nossos países a necessidade de melhorar a qualidade da educação, deteriorada pelos planos de expansão e de universalização — que, apesar de tudo, não se cumpriram — como único meio para obter a modernização. Por outro lado, nenhuma medida é tomada para a concretização desse discurso.

Independentemente do fato de a modernização — pelo menos da maneira como é entendida pelas políticas neoliberais — ser ou não uma prioridade, a qualidade da educação, sim, o é. Um exemplo dramático de que a educação e a leitura não constituem brinquedos de criança, mas sim prioridades inadiáveis, é ilustrado com os seguintes dados: a taxa de mortalidade de crianças menores de cinco anos na Colômbia é de 336,8 por 100.000, das quais 61,7% corresponde a doenças diarreicas e respiratórias. Teoricamente, no entanto, a Colômbia tem um sistema de saúde que cobre todos os colombianos e tem, inclusive, tradição de desenvolver estratégias de seleção e produção de medicamentos essenciais genéricos; estratégias que, também em teoria, deveriam contribuir para melhorar o acesso a esses medicamentos. Entretanto, a cada ano morrem 87.278 crianças por doenças cujo tratamento depende de remédios existentes no mercado a baixo custo (o custo não supera um dólar). Ou seja, essas 87.278 crianças morrem devido à ignorância de seus pais (LATORRE, 2001).

Todavia, a resposta à necessidade de melhorar a educação pretende ser feita por meio do salto rumo à tecnologia, passando por cima da importância da leitura e da escrita que, segundo alguns acreditam, serão certamente superadas pela tecnologia. Pretende-se resolver um problema de fundo, de caráter conceitual, com soluções técnicas. Não é minha intenção participar, neste momento, do debate que o livro já enfrenta com as novas tecnologias. O que desejo levantar é o caráter urgente da situação, para que os governos de nossos países tomem a decisão de investir seus mais importantes esforços para melhorar a qualidade da educação, oferecendo soluções concretas a fim de que inscrevamos nossos projetos de leitura com esse objetivo.

É importante esclarecer que, embora a tecnologia não resolva os principais problemas que afligem a educação, não somos contra ela. Estou de acordo com Emilia Ferreiro (2000) quando, no Congresso Mundial de Editores, realizado em Buenos Aires, em 2000, afirmava que:

> [...] tecnologias ajudarão a educação em seu conjunto se contribuírem para enterrar debates intermináveis. [...] [e que seja] bem-vinda a tecnologia que elimina destros e canhotos: agora é preciso escrever com as duas mãos sobre um teclado; bem-vinda a tecnologia que permite separar ou juntar os caracteres, por decisão do produtor, e bem-vinda a tecnologia que confronta o aprendiz com textos completos desde o início. Porém, a tecnologia, por si só, não vai simplificar as dificuldades cognitivas do processo de alfabetização [...] nem é a oposição "método *versus* técnica" que nos permitirá superar as desventuras do analfabetismo.

Antes de mais nada, a educação deve permitir a reflexão, o autoconhecimento, o conhecimento e a aceitação do outro. Deve ser uma educação para o diálogo e a comunicação. Uma educação voltada para a descoberta das potencialidades de cada indivíduo e capaz de desenvolvê-las. Uma educação que forme e respeite a autonomia, que permita que nos descubramos como cidadãos de um país sem renunciar à possibilidade de sermos cidadãos do mundo. Uma educação apaixonada pela ciência e, nem por isso, menos alegre. Uma educação que retome seus princípios humanísticos, que coloque o ser humano no centro das preocupações e que o trate como sujeito. E, em tudo isso, a leitura e a escrita terão de ser protagonistas.

Definitivamente, acredito que se tem negado o caráter político que devem ter a educação e qualquer tentativa de promover a leitura, pelo menos em sociedades como a latino-americana, que exigem mudanças sociais urgentes para as quais a leitura é um instrumento fundamental. Negar esse caráter político impede dar à promoção da leitura a dimensão que teria se as maiorias a adotassem como um instrumento necessário para melhorar suas condições de vida. É também negar o que há de político no supostamente apolítico.

A brasileira Regina Zilbermann (1999, p. 44) afirma que é a política que torna vigente a leitura:

A política pedagógica se confunde com uma pedagogia política e esta começa e termina com o tipo de relação que estabelece com o livro. Erigido o livro na posição de receptáculo por excelência da cultura no desenvolvimento da civilização contemporânea, torna-se acessível a todos e passa a ser o ponto de partida de uma ação cultural renovadora. Quanto ao ponto de chegada, este parte de seu empenho no sentido de discussão e crítica do livro e com o livro. É o que conduz a uma compreensão mais ampla e segura do ambiente circundante, liberando o leitor do automatismo que pode obrigá-lo ao consumo mecânico de textos escritos. Por conseguinte, tratando-se de uma vocação democrática, na medida em que esta afirmação traduz tanto uma ampliação da oferta de bens culturais quanto uma abertura de horizontes, a leitura — e o livro que lhe serve de suporte e motivação — será efetivamente propulsora de uma mudança na sociedade se for extraída dela a inclinação política que a torna vigente.

Entretanto, não seria consequente — nem tampouco ajudaria muito — atribuir à leitura um poder absoluto, o que nos levaria novamente a posições sectárias e fundamentalistas. A leitura não é boa nem má em si mesma. Ter acesso à leitura não garante de maneira absoluta a democracia, mas não tê-lo definitivamente a impede ou, pelo menos, a retarda.

Tenho razões para crer que ganharíamos muito se inscrevêssemos os programas de incentivo à leitura e à escrita em projetos políticos de mudança social, de participação, de democratização, para os quais a melhora da educação é uma condição básica. O enorme desejo das classes populares de nossos países de superar sua situação, de melhorar suas condições de vida, sua vontade de aprender e de saber; o modo como essas classes se organizam para resolver seus problemas mais imediatos; os laços de solidariedade que se estabelecem para, por exemplo, organizar bibliotecas populares, pois têm a intuição de que nessas bibliotecas se pode encontrar um instrumento que lhes permita melhorar, ao menos, a vida de seus filhos — "seguir adiante", conforme expressão corrente entre os setores populares — são algumas dessas razões.

Também constitui razão de otimismo o fato de sermos um continente, com enormes contradições, sem dúvida, mas cuja vitalidade se expressa de mil maneiras. Um continente com mais de quinhentos anos de encontros, de sínteses, de sincretismos, de mestiçagens, de miscigenações que, na opinião de alguns, constituem um dos melhores patrimônios para assumir o futuro. Também o fato de sermos 19 países geograficamente unidos que falam a mesma língua, ainda que seja a língua dos pobres. "O pior inimigo do castelhano é a pobreza" — disseram no Segundo Simpósio sobre a língua realizado na Espanha. E uma razão a mais de otimismo é termos como vizinho outro país, o Brasil, que por si só é um continente, e onde a reflexão sobre a leitura e sua relação com a política tem acontecido há várias décadas; um país com o qual iniciamos, há pouco, um mútuo descobrimento.

Os novos espaços para a leitura, em países com tantas dívidas e tantas transformações pendentes, devem ser os espaços onde a sociedade civil se organiza. Os projetos de leitura precisam dar a mão a esses processos de organização, acompanhá-los, demonstrar que a leitura não é um adorno nem um passatempo e que seu valor não está em oferecer apenas alguns momentos prazerosos, mas sim que a leitura é um instrumento extremamente útil na transformação e organização de suas vidas.

O que foi apresentado anteriormente, contudo, implica sérias mudanças em nossas concepções sobre a educação e a leitura, e envolve, além disso, reconhecer o papel político que elas sempre tiveram a favor de alguns poucos. Implica reconhecer que, em algum momento, tanto a escola como a leitura devem tomar partido por uma transformação social que acabe com desequilíbrios e desigualdades. Implica também aceitar que a leitura, em especial a leitura literária, não é um meio de lazer passivo, ao contrário, tem profundo sentido e valor. Que a literatura é "um luxo de primeira necessidade", segundo palavras de Antonio Muñoz Molina (1993).

Mas, acima de tudo, implica, a meu modo de ver, duas coisas: retornar à escola, recuperar o tempo perdido em tentativas que não deram certo, em modismos importados, em tecnologia educativa, em acordos com a Microsoft[4], em fórmulas impostas pelo Banco Mundial, em compras numerosas e indiscriminadas de textos que não respondem às verdadeiras necessidades da formação de leitores e que ao mesmo tempo comprometem, a longo prazo e com altos juros, os escassos recursos. É preciso apostar na formação dos docentes, delegada agora à moda dos *workshops* e à educação não formal com que se pretende preencher

---

4 Acordos que pretendem equipar todas as escolas do país com computadores, sem levar em conta que muitas delas carecem de condições mínimas não só para ter computadores, mas para serem consideradas escolas.

as lacunas deixadas pela formação básica, cursinhos esses que abastecem o professor e com técnicas de caráter instrumental e com a vã ilusão de que é possível ensinar a ler sem ser leitor.

Implica também apostar numa verdadeira biblioteca pública, comprometida com a comunidade, que se constitua em espaço para o encontro real e significativo com a leitura, e não num lugar para fazer tarefas e "pesquisas" escolares. Uma biblioteca que não seja substituída pelas virtuais, onde sejam possíveis a participação, a negociação, o debate e a reflexão a partir da leitura. Um local onde os cidadãos possam ficar bem informados. Uma biblioteca com bibliotecários conscientes de seu papel ético e político.

Uma biblioteca e uma escola que possam nos ajudar a construir o país que William Ospina (1999) deseja quando diz:

> Eu sonho com um país que esteja unido física e espiritualmente com os demais países da América do Sul. Que um grupo de jovens venezuelanos ou colombianos possa tomar o trem em Caracas ou em Bogotá e viajar, se assim quiserem, até os confins de Buenos Aires. [...] Sonho com um país que fale de desenvolvimento para todos e não às custas do planeta, mas pensando

também no mundo que gerações futuras habitarão; que quando fale de indústria nacional saiba recordar [...] que por indústria se entendem igualmente os empresários, os trabalhadores e os consumidores. [...] Um país onde seja impossível haver gente dormindo debaixo das pontes ou comendo lixo nas ruas. [...] Um país onde os que tenham mais sintam o orgulho e a tranquilidade de saber que os outros vivem dignamente. Sonho com um país inteligente, isto é, um país onde cada um saiba que todos necessitamos de todos, que a noite nos pode surpreender em qualquer lugar e que por isso é bom que nos esforcemos por semear amizade e não ressentimento. Sonho com um país onde um índio possa não apenas ser índio com orgulho, mas que, superada a época em que se pretendia educá-lo nos erros da civilização europeia, possamos aprender, com respeito, seu saber de profunda harmonia com o cosmo e de conservação da natureza [...].

REFERÊNCIAS BIBLIOGRÁFICAS

FERREIRO, Emilia: *Leer y escribir en un mundo cambiante*. Conferência apresentada por Emilia Ferreiro no Congresso da União Internacional de Editores, Buenos Aires, 1º a 13 de maio de 2000.

FREIRE, Paulo. *A importância do ato de ler*: em três artigos que se completam. São Paulo: Autores Associados; Cortez, 1982.

_____. La alfabetización de adultos. Crítica de su visión ingenua, comprensión de su visión crítica. *Cristianismo y Sociedad*, Montevidéu, número especial, set. 1968.

_____. *La educación como práctica de libertad*. México: Siglo XXI, 1969. [ed. bras. *Educação como prática da liberdade*. 14. ed. São Paulo: Paz e Terra, 2011.]

GARCÍA CANCLINI, Néstor. *Culturas híbridas*. México: Grijalbo, 1989. [ed. bras. *Culturas híbridas*. 4. ed. São Paulo: Edusp, 2006.]

LATORRE, María Cristina. *Política nacional de medicamentos*. Bogotá: OPS; Ministerio de Salud, 2001.

MUÑOZ MOLINA, Antonio. *¿Por qué no es útil la literatura?* Madrid: Hiperión, 1993.

OSPINA, William. *¿Dónde está la franja amarilla?* Bogotá: Norma, 1999.

ZILBERMANN, Regina. "Sociedade e democratização da leitura". In: BARZOTTO, Valdir Heitor (org.). *Estado de leitura*. Campinas: Mercado de Letras; Associação de Leitura do Brasil, 1999.

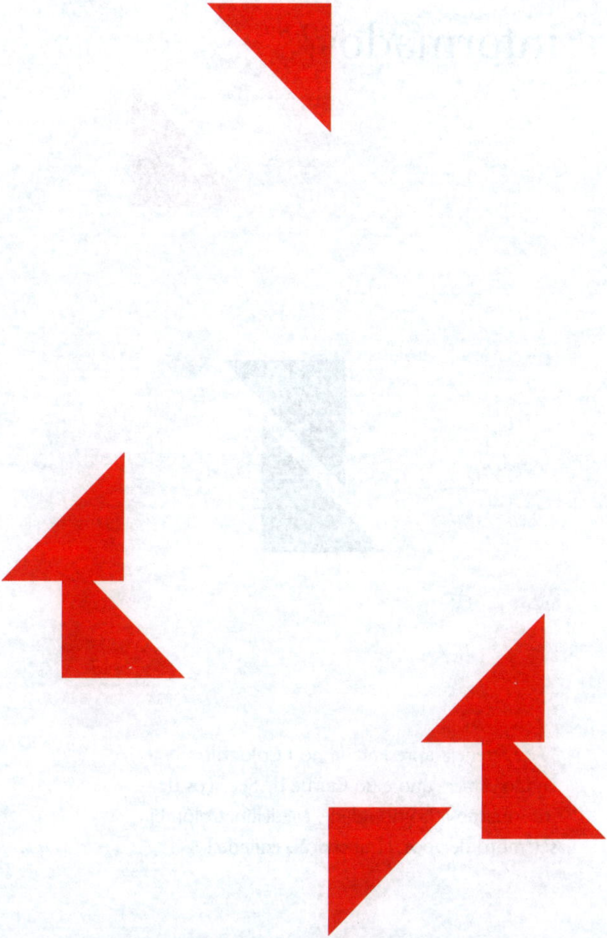

A biblioteca cria cidadãos mais bem informados?*

* Conferência apresentada no I Colóquio Latino-Americano e do Caribe de Serviços de Informação à Comunidade, Medellín, Colômbia, setembro de 2001. [Transcrição editada.]

Abordarei o tema analisando brevemente os conceitos implicados nos nomes de *Centro de informação local* ou *Serviços de informação à comunidade*. E vale dizer também que orientarei minha reflexão a partir dos conceitos de *informação, local* e *comunidade*. Creio que é preciso refletir sobre o que eles significam no contexto da biblioteca. Meu propósito com esta análise é propiciar um debate, cuja necessidade não se coloca em dúvida, sobre o papel da biblioteca na circulação da informação, sobre sua legitimação e sobre a missão de fazer da leitura do texto escrito um instrumento que permita a recepção crítica da informação que circula na sociedade.

Antes de prosseguir com o tema, porém, parece conveniente recordar, correndo o risco de simplificar demais, que as bibliotecas públicas tradicionalmente têm apresentado duas tendências: a primeira, com a orientação para o serviço acadêmico e escolar, que teve desde suas origens; e a segunda, com a preferência por um serviço público mais inclinado para o lazer (leitura "recreativa", leitura como consumo), de surgimento posterior. Sem mencionar os matizes e as mesclas que podem ocorrer em ambas as tendências, seria possível dizer que atualmente, nos países pobres, a primeira modalidade é a que predomina devido à falta de investimento em bibliotecas escolares e, nos países ricos, a maior ocorrência é a da segunda. Quanto à função de informar, que é própria da leitura e, por conseguinte, das bibliotecas, esta se apresentou muito recentemente. De acordo com Anne-Marie Chartier (1994, p. 158), ela foi implantada na França pela primeira vez somente em 1915.

Parece importante, então, que se procure ampliar o leque da participação ativa das bibliotecas na sociedade. O interesse em contribuir para a democracia, para a inserção dos cidadãos na vida social e política, para se abrir como espaço de participação e, em poucas palavras, para contribuir para o exercício da cidadania, é um desejo de bibliotecas e bibliotecários. Desejo muitas vezes retórico, que pode se concretizar por meio dos Serviços de Informação à Comunidade ou Centros de Informação Local.

Para que esses centros, no entanto, não sejam implantados de modo mecânico nem se inspirem no modismo do início do século XX, mas para que, pelo contrário, representem uma contribuição real para a sociedade em sua luta contra toda sorte de injustiça, é necessária uma reflexão para a qual gostaria de fazer uma pequena contribuição.

A INFORMAÇÃO

O conceito de *informação* pode ser analisado de vários pontos de vista: seu conteúdo, o que é a informação em geral, como se produz, como circula e de que parte dela se ocupa a biblioteca.

De maneira arbitrária, e em função do meio e do público que ela atende, poderíamos classificar a informação que a sociedade produz em três grandes grupos. Não farei referência aqui à internet, por ser um fenômeno que ainda não tem idade suficiente para permitir uma análise sobre suas implicações a longo prazo[1], mas desejo, sim, ressaltar que a internet

---

1 Dez anos depois de surgir, foram apresentadas as primeiras análises sobre a televisão. Ninguém, nem os mais avançados pesquisadores sobre essa mídia, podiam prever os alcances que ela teria em nossos dias. Tampouco são previsíveis os efeitos da internet dentro de duas ou três décadas. Enquanto alguns a consideram panaceia, outros se »

transmite, em volume muito significativo, informações importantes dos três grupos que descrevo a seguir.

No primeiro grupo podemos localizar a informação *científica e técnica*, que se produz e circula em meios acadêmicos, científicos e industriais.

No segundo, a informação que, em geral, se apresenta na forma de dados e serve ao cidadão de maneira individual e utilitária, a fim de que ele se insira na sociedade, faça uso do que a comunidade lhe oferece, exerça seus direitos e cumpra seus deveres. Dessa informação se ocupam as bibliotecas públicas e outros centros de informação.

Por último, um terceiro grupo seria constituído pelas notícias de todos os gêneros, incluídas as científicas e técnicas, assim como as econômicas, culturais, sociais e, especialmente, os fatos diários que são elevados à categoria de notícia: os acontecimentos, os

» referem a ela de forma muito crítica, como Giovanni Sartori (1997, p. 96 e 97), que afirma que "na rede, informação é tudo o que circula. Portanto, informação, desinformação, verdadeiro, falso, tudo é um e o mesmo. Inclusive um boato, uma vez que entrou na rede, se converte em informação. [...] Quem se aventura na rede informativa e se permite observar que um boato não informa ou que uma informação falsa desinforma é — para Negroponte e seus seguidores — um infeliz que ainda não compreendeu nada, um náufrago de uma 'velha cultura' morta e enterrada. À qual eu me orgulho de pertencer".

casos curiosos e as crônicas. Essa informação circula em mídias como a televisão, o rádio, as mídias digitais e a imprensa escrita, entre as quais a televisão tem predomínio. Além disso, ela vem cimentada pela publicidade que a financia e, consequentemente, também a determina, graças à tirania do índice de audiência. É possível dizer que esse terceiro grupo de informação constitui o patrimônio das mídias. Elas a criam, a condicionam, a difundem e lucram com ela. A esse respeito, afirma Pierre Bourdieu (1996, p. 67):

> Os jornalistas — melhor dizendo, o campo jornalístico — devem sua importância no mundo social ao fato de ostentarem o monopólio dos meios de produção e difusão da informação em grande escala, através dos quais regulam o acesso dos cidadãos comuns, assim como dos demais produtores culturais, cientistas, artistas, escritores; ao que às vezes se costuma chamar de "espaço público", isto é, a difusão em grande escala.

Pierre Bourdieu (1996, p. 34) se faz a pergunta — pergunta que ele mesmo qualifica de ingênua — sobre "como se informam as pessoas encarregadas de nos informar" e responde afirmando que "a televisão se converte no árbitro do acesso à existência social e política", naquilo que ele chama de "circulação circular da informação".

> O peso da televisão é determinante, e se um tema — um caso, um debate — chega a ser proposto pelos jornalistas da imprensa escrita, não chega a ser determinante, central, se a televisão não o mencionar, não o orquestrar e não atribuir a ele, ao mesmo tempo, uma dimensão política [...] (BOURDIEU, 1996, p. 73).[2]

E é por meio desse terceiro grupo de informação que as pessoas criam os imaginários sobre sua nação, sobre o mundo e, a partir dele, configuram sua participação na sociedade, formulam seus desejos, suas aspirações. É com essa informação que formam ou deformam sua opinião, com ela se configura a opinião pública apoiada nas sondagens realizadas pelos meios de comunicação, que, por sua vez, escolhem

---

2 A esse respeito também se pode consultar Giovanni Sartori (1997, p. 71 e 72), que postula que "a televisão é explosiva porque destrona os chamados líderes intermediários de opinião e porque se leva adiante a multiplicidade de 'autoridades cognitivas' que estabelecem de forma diferente, para cada um de nós, [...] quem é digno de crédito e quem não é. Com a televisão, a autoridade é a visão em si mesma, é a autoridade da imagem".

os temas que devem ser debatidos e que concluem, de maneira definitiva, a partir de opiniões em que tanto o especialista como o cidadão comum têm o mesmo peso. Dessa maneira se apresentam conclusões muitas vezes contrárias aos interesses da sociedade[3].

Essa informação circula sem que a biblioteca tenha qualquer atuação para acompanhar o cidadão numa prática de leitura crítica, sem que a biblioteca ofereça possibilidades de discutir os temas que são tratados superficialmente pela mídia e manipulados pela imprensa ou simplesmente negados por ela a uma discussão pública, a menos que se reflita seriamente sobre tudo isso e se promovam ações significativas, como

---

3 Para dar só dois exemplos, em 9 de julho de 2001 o jornal *El Tiempo* publicou uma pesquisa de opinião sobre os policiais bacharéis. Sem levar em conta que o tema implica algo de primordial importância nas democracias atuais, como é a obrigatoriedade do serviço militar (só poucos países no mundo, quase todos com graves problemas de ordem pública ou com baixíssimos níveis de desenvolvimento, conservam essa exigência), as perguntas eram manipuladoras da informação: a primeira dava como certa que a imagem da polícia tinha melhorado graças aos policiais bacharéis, e a segunda indagava sobre se deveriam acabar. Outra pesquisa sobre um tema candente foi feita pela rede RCN, com o objetivo de consultar sobre a prorrogação da zona de distensão. A resposta é dada por aqueles que espontaneamente se comunicam com a fonte e que era evidente, faziam isso já que acreditavam que a guerra colombiana podia acabar por vias diferentes das do diálogo.

sugerem Adriana Betancur e Didier Álvarez: "Contudo, o trabalho deve ir mais além, já que os sujeitos tendem a ser dominados pelos meios de comunicação de massa" (BETANCUR, 2001, p. 11).

A biblioteca pública hoje, de fato, só se ocupa de uma porção muito pequena da informação que circula na sociedade e que está representada fundamentalmente no segundo grupo que aqui mencionei: os dados que permitem ao cidadão satisfazer de maneira direta uma necessidade concreta e cotidiana. Contudo, a biblioteca teria muito por fazer, tanto em facilitar o acesso da população à informação científica, cultural, artística — com a qual o cidadão só tem contato por meio da simplificação trivial que dela faz a mídia —, comprometendo-se a uma divulgação respeitosa dessa informação como em oferecer a possibilidade, por meio do debate de temas da atualidade que a mídia apresenta ou oculta, de olhar mais a fundo a realidade individual e coletiva, local e universal.[4]

---

4 A corrupção se sustenta na desinformação, na falta de transparência, nos informes sobre o investimento público que devem ser apresentados aos cidadãos e que lhes é direito conhecer. Sem sugerir que, no exemplo que vou dar, tenha havido problemas de corrupção, penso que em Bogotá ainda não houve uma entidade capaz de »

A biblioteca deve contribuir para encontrar soluções ao problema da desinformação, originado da manipulação que a mídia faz da informação. Da mesma maneira que a sociedade civil se organiza para conseguir o aperfeiçoamento da qualidade de outros produtos e serviços, ela poderia fazê-lo para exigir melhores condições de informação, e nisso a biblioteca tem um importante papel.

Em suma, a biblioteca poderia, como diz Martín--Barbero, "despertar o que há de cidadão no consumidor", quando ele descobrir que a informação não é apenas aquela que lhe permite sobreviver numa sociedade que só o reivindica como consumidor e quando ela, a biblioteca, puder acompanhá-lo na leitura crítica de sua realidade.

» promover um debate que permita conhecer alguma coisa sobre o programa que tem contribuído enormemente para melhorar a qualidade de vida dos bogotanos: *Transmilenio*, que, embora com alguns problemas, funciona maravilhosamente, mas do qual não sabemos se somos nós, bogotanos, que pagamos por seu funcionamento, ou pelo menos parte dele, ou se são as empresas privadas que fazem uso da infraestrutura criada para esse serviço e que, a julgar pela acolhida, devem estar obtendo bons rendimentos. Esse é somente um exemplo dos debates para os quais a biblioteca pública pode dar uma contribuição.

Levando em conta que uma das denominações que se pretende dar aos serviços de informação acrescenta o qualificativo *local*, o segundo ponto que desejo tratar é o que se refere aos conceitos de *local* e *global*.

Num momento em que a revolução tecnológica torna viável a globalização da informação, em que é possível conhecer de forma imediata o que acontece em cada canto do planeta, em que os produtos provenientes de países desenvolvidos não encontram fronteiras nacionais para sua circulação, produz-se um fenômeno de fragmentação cultural, de revalorização do local e de imediatez da informação. Contrariamente ao que se poderia pensar, a televisão tem desempenhado papel importante nessa fragmentação devido, por um lado, ao fato de transmitir a informação por meio da imagem e a imagem não suportar conceitos universais e, pelo outro, ao fato de a capacidade de mobilização da televisão estar subordinada aos custos, o que privilegia as notícias que podem ser capturadas pelas câmeras locais. Daí a televisão ter criado e alimentado audiências regionais.

Apesar disso, no momento presente, não é possível pensar num acontecimento que ocorra em qualquer canto do planeta que não acarrete repercussões universais. Um exemplo patético é o de nosso país, a Colômbia. Poucas soluções para os problemas que envolvem o narcotráfico podem ser divulgadas no próprio país sem medidas combinadas no plano internacional[5].

As bibliotecas têm, então, outro papel importante a desempenhar: contribuir para recuperar a *universalidade* como valor, criar a consciência de que os benefícios da globalização não podem, de maneira alguma, limitar-se ao capital transnacional. Para países pobres como os nossos, as tecnologias da informação, que permitem o estabelecimento de diferentes tipos de redes que se cruzam por todo o mundo, constituem, neste caso, uma vantagem, especialmente porque os custos de comunicação são agora infinitamente menores.

Diante disso, o termo *local* no nome dos centros de informação deve se referir somente à sua descentralização, à sua capacidade de chegar à periferia, à

---

5 O *Informe sobre o desenvolvimento do ano 2000* se refere a essa interdependência como oportunidade: "A interdependência mundial cada vez maior do século XXI indica que uma nova era chegou. Interações políticas e econômicas complexas, aliadas ao surgimento de novos e poderosos protagonistas abrem novas oportunidades." A biblioteca não pode ficar alheia, portanto, a esse novo panorama.

faculdade de alcançar todos os cidadãos, que devem ser considerados como cidadãos do mundo, uma vez que participam de redes amplas e interdependentes e em decisões que, apesar de serem tomadas a distância, os afetam profundamente. O *Informe* das Nações Unidas sobre o desenvolvimento humano do ano 2000 afirmou que "para as sociedades abertas e integradas em escala mundial do século XXI, necessitamos de compromissos mais determinados com o universalismo, combinados com o respeito pela diversidade cultural" (PROGRAMA DE NACIONES UNIDAS PARA EL DESARROLLO, 2000, p. 13). A biblioteca, na minha opinião, pode e deve colaborar com esse propósito.

A SOCIEDADE CIVIL

Finalmente, tratarei do tema da comunidade. Ela, a meu ver, não pode se isolar do fenômeno democrático das últimas décadas que, segundo o mesmo *Informe*, é constituído pela organização da sociedade civil. Esse documento também afirma que "a luta constante para tornar realidade os direitos se beneficia intensamente da era da informação. As redes da sociedade civil trazem novas formas de informação"

(PROGRAMA DE NACIONES UNIDAS PARA EL DESARROLLO, 2000, p. 10).

A organização da sociedade civil, tanto em nível local como internacional, busca, de maneira incessante e em infinitos campos, a defesa dos direitos das minorias, trabalhando contra o racismo, o sexismo e outras expressões da exploração, vigiando a atuação dos governantes e se interessando por ampliar a participação de todos na tomada de decisões e na formulação de políticas que afetam os cidadãos. Essa organização constitui um fenômeno que as bibliotecas não podem desconhecer. Pelo contrário, eu me atreveria a sugerir que os primeiros usuários da biblioteca pública em seus serviços de informação deveriam ser as organizações da comunidade.

Embora seja certo afirmar que o indivíduo precisa de informação pontual para satisfazer necessidades particulares, também é certo que o serviço que a biblioteca pública presta à sociedade civil organizada poderia ter maior repercussão quanto à busca de soluções democráticas amplas, das quais poderia também se beneficiar a maior parte da comunidade. As diferentes redes de cidadãos precisam e devem contar com a biblioteca como uma instituição auxiliar de seu trabalho.

A VALORIZAÇÃO DA PALAVRA ESCRITA

O que têm a ver essas reflexões com o problema da leitura, o tema que nos ocupa? A meu ver, tudo. Ler, segundo Emilia Ferreiro, já não é marca de sabedoria, mas sim de cidadania. Ela também afirma que o exercício pleno da democracia é incompatível com o analfabetismo. Somente a partir de uma revalorização da palavra escrita e de sua leitura, a cidadania poderá chegar ao centro dos diferentes debates dos quais a sociedade necessita para se manter informada. E esta é uma das funções mais imediatas da biblioteca pública. A ela cabe defender o pensamento, o pensamento lento, o "pensamento pensante", que se opõe ao *fast thinking* de que fala Pierre Bourdieu (1996, p. 38). Sem dúvida, o melhor antídoto contra o *fast thinking* é a leitura da palavra escrita.

Enfim, minha proposta é que a biblioteca pública, de maneira mais comprometida e ativa, acompanhe o indivíduo e a comunidade organizada em direção a uma leitura crítica da realidade, a partir do debate público dos temas que a afetam, com vistas a uma participação consciente em sua transformação. Em outras palavras, que contribua para criar cidadãos mais bem formados e mais bem informados.

REFERÊNCIAS BIBLIOGRÁFICAS

BETANCUR, Adriana; ÁLVAREZ, Didier. Documento de Referencia del Coloquio Latinoamericano y del Caribe de Servicios de Información a la Comunidad. Medellín, 2001.

BOURDIEU, Pierre. *Sobre la televisión*. Barcelona: Anagrama, 1997. [ed. bras. *Sobre a televisão*. Rio de Janeiro: Zahar, 1997.]

CHARTIER, Anne-Marie; HÉBRARD, Jean. *Discursos sobre la lectura: 1880-1980*. Barcelona: Gedisa, 1994. [ed. bras. *Discursos sobre a leitura 1880-1980*. São Paulo: Ática, 1995.]

PROGRAMA DE NACIONES UNIDAS PARA EL DESARROLLO. *Informe sobre desarrollo humano 2000*. New York, 2000.

SARTORI, Giovanni. *Homo videns*: la sociedad teledirigida. Madrid: Taurus, 1998. [ed. bras. *Homo videns*. Televisão e pós-pensamento. Bauru: Edusc, 2001.]

A sociedade civil pede a palavra:

políticas públicas de leitura e escrita e participação social*

* Conferência apresentada no X Simpósio Internacional
Ibero-Americano sobre Literatura Infantil e Leitura.
Madrid, novembro de 2004. [Transcrição editada.]

POR QUE UMA POLÍTICA PÚBLICA DE LEITURA E ESCRITA?

Na América Latina, temos feito essa pergunta com insistência há mais de duas décadas.

No ano de 1992, o Cerlalc [Centro Regional para el Fomento del Libro en América Latina y el Caribe] convocou a Reunião Internacional de Políticas Nacionais de Leitura para a América Latina e o Caribe, que se realizou na cidade do Rio de Janeiro, onde, a partir de quatro princípios básicos — a valorização da leitura, sua democratização, a diversidade cultural e a produtividade —, foi apresentada aos governos a primeira proposta de fazer com que a leitura merecesse a condição de objeto de política pública nos países dessa região.

Passaram-se vários anos desde essa primeira intenção e o tema das políticas públicas mantém-se ainda atual. Agora essa mesma proposição se apresenta como o novo mecanismo capaz de solucionar os grandes problemas de analfabetismo e de *iletrismo*, por um lado, e de fragilidade do mercado do livro nos países da América Latina, pelo outro.

Durante o cumprimento do mandato dos chefes de Estado, reunidos em 2003 na XIII Cúpula Ibero--Americana, em Santa Cruz de la Sierra, Bolívia, o Cerlalc e a OEI [Organização dos Estados Ibero--americanos] convocaram novamente duas reuniões: a primeira, com especialistas a fim de formular uma "agenda de políticas públicas de leitura e escrita", e a segunda, com representantes de planos nacionais de leitura, para confrontar essa mesma agenda com as realidades dos planos e projetos governamentais.

A preocupação, no entanto, não ultrapassou, salvo pouquíssimas exceções, os grupos de especialistas e profissionais da leitura: bibliotecários, professores, mediadores e funcionários públicos vinculados aos setores da educação e da cultura.

As reflexões que vou apresentar a seguir resultam de um compromisso com esse debate no nível nacional e regional latino-americano e de uma prática mais recente, orientada no sentido de gerar espaços de participação da sociedade civil para impulsionar políticas de leitura e escrita.

O primeiro ponto ao qual desejo me referir é o da necessidade do reconhecimento da leitura e da escrita como campos de tensões em que se movem, e muitas vezes em sentidos opostos, múltiplos interesses, discursos e representações.

Anne-Marie Chartier (2001) afirma que "as declarações antagônicas que se apresentavam — por volta da década de 1970 — sustentadas por diferentes instituições foram substituídas por um discurso totalizante, em grande parte compartilhado por todos os profissionais, que em suas diferentes áreas, preocupam-se em conseguir que públicos distintos comecem a ler. A leitura se converte num valor sincrético e universal. Um discurso semelhante se fundamenta na crença (ilusória) de que as posições e modelos contraditórios em que se constitui podem se conciliar no quadro de um modelo unificador".

Também nos documentos básicos para a discussão apresentados na citada reunião convocada pelo Cerlalc, foi levantada a necessidade de reconhecer os conflitos de interesses. Em sua exposição, Bruno Revesz (2004) afirmou que "a batalha das palavras no cenário político põe em jogo relações de poder, discrimina ou privilegia interesses" e Luis Bernardo Peña (2004) alertou sobre a possibilidade de que "uma representação ganhadora" fosse introduzida "como prioridade nas agendas governamentais".

Gostaria de oferecer um exemplo de uma representação geralmente perdedora nas agendas governamentais. No México, durante o Seminário Internacional celebrado durante a XXIV Feira do Livro Infantil e Juvenil, o pesquisador mexicano Gregorio Hernández, referindo-se ao elevado número de mexicanos (eu diria: de latino-americanos) que não vivem em famílias ou em cujas famílias não existe (por múltiplas razões) a mais remota possibilidade de acesso ao livro, afirmou que:

> Segundo a definição mais comum e superficial, um leitor é alguém que lê livros: muitos, bons e por prazer. Eu lhes proponho outra definição: um leitor é alguém que se apropria da linguagem dos outros para expressar as próprias intenções e para se converter em autor e ator de seu lugar no mundo [...]. Aprender a escrever implica apropriar-se das palavras e das ideias de outros, encontrar voz própria e fazer-se escutar em conversações sociais que só ocorrem fora do espaço íntimo do indivíduo e de sua família. Converter-se em falante e escritor de uma língua não significa somente

ler textos alheios ou ler por gosto ou ler bons livros, mas, sim, antes de tudo, ter algo que dizer e entrar no espaço público das conversações mediadas pelo escrito.

Essa afirmação me parece especialmente importante, pois, com muita frequência, ouvimos declarações sobre a importância do papel supostamente central da família na formação de leitores, esquecendo-se de que a escola é o único espaço de acesso à leitura para a grande maioria de habitantes da América Latina.

O reconhecimento da existência de todas essas tensões, no entanto, não deveria ser, de maneira alguma, paralisador: ao contrário, deveria levar a um projeto de políticas públicas realmente inclusivo e que contemplasse as diferentes representações, práticas, necessidades e interesses.

Isso não significa, contudo, que todos os interesses têm o mesmo valor. Quando se apresenta a necessidade de uma política inscrita num modelo de desenvolvimento que busque diminuir as desigualdades, que promova a igualdade e a expansão das capacidades e dos direitos — como se coloca em quase todos os discursos recentes que apresentam a leitura como requisito para resolver problemas de pobreza e de injustiça social —, os interesses públicos devem ser priorizados. Daí a necessidade de que toda política seja antecedida por um "quadro ético", como propõe a agenda promovida pelo Cerlalc, para que esteja "ligada a processos sociais que a convertam numa poderosa ferramenta para a democratização e a participação social".

Outra contradição que é preciso sublinhar se dá entre os discursos, as representações e as práticas. Entre o que se diz, o que se crê e o que se faz. Reconhecer que não existe uma prática ideal e desejável de leitura, e que tanto no nível da sociedade como no dos indivíduos coexistem múltiplas práticas de leitura: diferentes maneiras de ler e diferentes propósitos para a leitura.

Uma política pública "se torna necessária quando há uma distância entre as aspirações e as realizações", afirma Bruno Revesz (2004).

Essa afirmação deveria gerar algumas perguntas: as aspirações de quem? De quem, por diversas razões, achamos que é preciso que leiam? Dos governos? Ou se trata das aspirações legítimas daqueles a quem desejamos "convencer" da necessidade da leitura e da escrita?

Importantes setores da população estão interessados em que "outros leiam": pais, mediadores, professores, bibliotecários, editores. Também vem ganhando terreno o propósito de democratizar o acesso à cultura letrada — sobretudo por pressões desses mesmos setores — nas agendas dos governos, especialmente quando a leitura se associa a aspirações ligadas ao desenvolvimento econômico, aos direitos humanos, à paz.

No entanto, poderemos "convencer" da necessidade da cultura letrada a população que tradicionalmente tem estado excluída? O que tem falhado quando tentamos "convencer os outros"? É uma pergunta que se formula frequentemente.

No geral, promove-se a leitura com lemas por meio dos quais se pretende "convencer os outros", "transmitir-lhes" o "bem" da leitura, lemas que são herdeiros de um modelo educacional que outorga a verdade de modo paternalista e autoritário e que, ao fim e ao cabo, se convertem em outras formas de fanatismo se nos ativermos às definições que Amós Oz (2003) oferece em seu ensaio "Contra o fanatismo". Teríamos então, ao menos em nossos países, de definir a leitura e a escrita como direitos, como práticas que ajudam as pessoas a construir sua individualidade, a criar seu espaço no mundo e a estabelecer relações com os demais. Como necessidades relacionadas com a participação cidadã, e não, como estamos acostumados a vê-las, como um luxo associado ao ócio e ao tempo livre ou como uma obrigação escolar.

Para que o problema da falta de leitura seja traduzido à linguagem da ação política e da necessidade do exercício cidadão, é preciso que a sociedade civil organizada intervenha, peça a palavra, a palavra escrita. Porém também é necessário saber que a comunidade não se organiza de maneira espontânea, nem em instâncias superiores, nem ao redor de temas sobre os quais não esteja totalmente convencida ou que não constituam uma necessidade para ela.

Em nossos países é comum que a sociedade civil se organize em torno da satisfação de necessidades que se relacionam à sobrevivência imediata: saúde, habitação, trabalho, educação; necessidades e aspirações associadas com o presente ou com um futuro muito imediato. É nesse âmbito que deveriam ser inscritos os propósitos para uma organização da sociedade civil que erija a leitura como necessidade e como direito.

Mas a leitura não é só isso. Também está associada a um futuro em que o pensamento possa ser viável. O *pensamento pensante*, segundo expressão de Pierre Bourdieu (1997), e que, segundo ele, é subversivo e não admite ideias preconcebidas. Pensamento que busca sentido, significado. Pensamento em perigo, se considerarmos as alarmantes premonições de Giovanni Sartori (1997) quando afirma que nos encaminhamos para a incapacidade de pensar e que "o retorno é como subir por uma encosta íngrime e não ocorrerá se não soubermos defender a leitura radicalmente".

Inscrever a leitura no contexto das necessidades das pessoas é postulá-la, então, em dois âmbitos: no da sobrevivência imediata, da defesa dos direitos, da possibilidade de participação consciente nos destinos de sua comunidade e no do futuro do pensamento, do pensamento divergente e reflexivo, do pensamento que busca significações.

Dou outro exemplo: os jovens, ao menos muitos dos jovens com os quais estamos trabalhando em meu país em clubes de leitores, praticam a leitura como um ato de rebeldia, como uma forma de se diferenciar dos demais, de tomar distância de uma sociedade que só os reivindica como consumidores. Eles não se sentem tocados pelas campanhas de leitura que se mostram como consumo acrítico, em que a quantidade é o primeiro parâmetro de medição. Uma política de leitura não pode desconsiderar o fato de que muitos jovens leem, especialmente quando se trata de jovens de estratos economicamente carentes;

e que eles o fazem para responder a projetos pessoais, rebeldes, emancipatórios.

Uma pesquisa realizada em Medellín que indagava sobre as práticas de leitura e escrita dos jovens e suas aproximações aos audiovisuais concluiu que nos estratos menos favorecidos economicamente os homens preferem conversar e ler a ver televisão, e as mulheres ler a qualquer outra coisa, enquanto nos estratos mais favorecidos a preferência se dá pela televisão e pelos vídeos. Nos programas de leitura com jovens foi constatada a preferência por leituras diferentes das novidades e outros lançamentos do mercado (ÁLVAREZ ZAPATA, 2002). Não é o caso, evidentemente, de países em que a leitura e a produção de livros estão associadas, cada vez mais, com a indústria de entretenimento. O escritor espanhol Manuel Rodríguez Rivero afirmava no jornal *La Vanguardia*, de 8 de fevereiro de 2004, que "perdeu validade a velha cultura democrática e progressista que considerava a leitura um valor imprescindível para a formação do cidadão". Nesses países é possível que exista um novo leitor movido por interesses e identificação com grupos sociais e com o valor de "estar em dia".

Outro tema de importância, a meu ver, quando falamos de políticas de leitura se refere a uma ausência que se reconhece, e de maneira sistemática, na maioria das agendas e propostas de políticas públicas e nos programas e planos nacionais. Uma ausência significativa, que reforça o caráter de promoção do consumo dessas campanhas: a ausência da escrita.

Muitas vezes e de modo até inconsciente, transfere-se para a escrita o privilégio que, historicamente, era dado à leitura, privilégio que reservava a poucos o monopólio da sabedoria. Monopólio que agora se dá em relação à escrita.

Armando Petrucci (2001) diz que:

> No século passado, as campanhas de alfabetização de massas, conduzidas em níveis nacionais ou mundiais (por exemplo, pela Unesco), em países desenvolvidos ou ex-coloniais, têm incidido fundamentalmente em potencializar e difundir a capacidade de *ler*, não a de *escrever*.

Segundo Petrucci, esse é um produto da escola burguesa, da Igreja, do sistema bibliotecário anglo-saxão e da indústria editorial, interessada na criação de um público cada vez mais amplo de pessoas que leiam, não que escrevam.

Petrucci também afirma que são mais facilmente controladas a produção e a circulação de materiais para a leitura do que para a escrita.

Seja como for, a leitura sem a escrita permite uma apropriação somente parcial da cultura letrada.

A Colômbia, nos últimos anos, vem impulsionando a organização da sociedade civil em torno do direito à leitura e à escrita, bem como sua participação na formulação de políticas que realmente respondam às aspirações da maioria das pessoas tradicionalmente excluídas da cultura letrada, com a convicção de que, como diz Emilia Ferreiro, "analfabetismo e democracia são incompatíveis".

Esse trabalho tem sido direcionado, fundamentalmente, a impulsionar políticas públicas que garantam o direito de ler e de escrever de toda a população, a criar cenários para o debate público sobre as condições de acesso à cultura escrita e sobre a legislação, planos e programas que possibilitam ou inviabilizam esse acesso, e, por fim, a criar espaços que permitam o questionamento dos lugares-comuns e ideias preconcebidas sobre o ler e o escrever, sobre seu ensino e sobre a promoção da leitura.

Esse projeto é político e cultural, no mais amplo sentido dessas duas palavras. Cremos, como Miguel de Certeau, que "a política não assegura a felicidade nem dá sentido às coisas. A política cria ou repele as condições de possibilidade. Proíbe ou permite, torna possível ou impossível".

Trabalhamos por uma política que permita e torne possível ler e escrever para o maior número de pessoas, mas que também permita e torne possível viver e ser cidadão. Mas não criemos ilusões. O problema ultrapassa, e muito, as possibilidades da leitura. Por isso, gostaria de finalizar com um fragmento das palavras de Gabriel García Márquez quando, em novembro de 2003, recebeu uma homenagem de outros escritores:

> Mais grave do que os terremotos e as guerras inumeráveis que têm acossado o gênero humano desde sempre, é agora a certeza de que os grandes poderes econômicos, políticos e militares destes tempos ruins parecem combinados para nos arrastar — pelos interesses mais mesquinhos e com armas terminais — em direção a um mundo de desigualdades insuperáveis.
>
> Contra eles, que são os donos de tudo, não restam outros poderes que os da razão, com as armas da inteligência e da palavra — que por sorte são as nossas — para induzi-los ao último minuto de reflexão que serão necessários para salvar o mundo.

REFERÊNCIAS BIBLIOGRÁFICAS

ÁLVAREZ ZAPATA, Didier. Una mirada a los estudios de comportamiento lector en las bibliotecas públicas en América Latina. *Lecturas sobre Lecturas*, México, n. 1, 2002.

BOURDIEU, Pierre. *Sobre la televisión*. Barcelona: Anagrama, 1997. [ed. bras. *Sobre a televisão*. Rio de Janeiro: Zahar, 1997.]

CHARTIER, Anne-Marie. *Discours sur la lecture*. Paris: Librairie Arthème Fayard, 2000. [ed. bras. *Discursos sobre a leitura 1880-1980*. São Paulo: Ática, 1995.]

OZ, Amós. *Contra el fanatismo*. Madrid: Siruela, 2003. [ed. bras. *Contra o fanatismo*. 3. ed. Rio de Janeiro: Ediouro, 2004.]

PEÑA, Luis Bernardo. *Las políticas públicas de lectura*: una visión desde sus actores. Cartagena, Reunión para la Formulación de una Agenda Iberoamericana de Política Pública en Lectura, Cerlalc/OEI, 2004.

PETRUCCI, Armando. Leer por leer: un porvenir para la lectura. In: CAVALLO, Guglielmo; CHARTIER, Roger. *Historia de la lectura en el mundo occidental*. Madrid: Taurus, 2001. [ed. bras. *História da leitura no mundo ocidental*. São Paulo: Ática, 1998, v. 1; 1999, v. 2.]

REVESZ, Bruno. *¿Qué significa pensar la lectura como un asunto de política pública?* Cartagena, Reunión para la Formulación de una Agenda Iberoamericana de Política Pública en Lectura, Cerlalc/OEI, 2004.

RODRÍGUEZ RIVERO, Manuel. Jornal *La Vanguardia*, 8 fev. 2004.

SARTORI, Giovanni. *Homo videns*. Madrid: Taurus, 1997. [ed. bras. *Homo videns*. Televisão e pós-pensamento. Bauru: Edusc, 2001.]

SOBRE A AUTORA

O trabalho da bibliotecária, autora e editora colombiana **Silvia Castrillón** sempre esteve respaldado pela intensa atividade intelectual e pelo incansável compromisso social, ambos dirigidos à reflexão sobre a responsabilidade política dos bibliotecários e das bibliotecas na promoção da leitura e da escrita como práticas culturais fundamentais para a inclusão social que impede o maior desenvolvimento da Colômbia e da América Latina.

Silvia Castrillón liderou em seu país a criação de importantes entidades, como a pioneira Asociación Colombiana para el Libro Infantil y Juvenil, e a Fundalectura — Fundación para el Fomento de la Lectura, por meio da qual dirigiu quatro congressos colombianos de leitura, um latino-americano, além de ter organizado o 27º Congresso Mundial do IBBY (The International Board on Books for Young People).

Foi consultora de organismos internacionais, como Unesco, OEA, Secab, Cerlalc e ONU, sobre bibliotecas públicas, livros para crianças e jovens e políticas públicas para a promoção da leitura e da escrita. Atuou como membro da comissão de jurados do Prêmio da Unesco de Livros Infantis para a Tolerância e do Prêmio Hans Christian Andersen, entre outros.

Atualmente dirige a Asolectura — Asociación Colombiana de Lectura y Escritura, por meio da qual iniciou amplo debate sobre a importância da mobilização e participação da sociedade civil na formulação de políticas públicas que reconheçam e respondam pela promoção do direito de ler e de escrever de todos os cidadãos. Faz parte também do grupo de especialistas ibero-americanos da OEI (*Organização dos Estados Ibero-americanos para a Educação, a Ciência e a Cultura*).

Tem participado como conferencista de inúmeros congressos internacionais sobre leitura, literatura infantojuvenil e bibliotecas, com trabalhos apresentados e publicados em diversos países, entre eles, Espanha, França, México, Brasil, Argentina, Equador, Venezuela e Colômbia. Entre seus livros destacam-se: *Modelo flexible para un sistema de bibliotecas escolares* (Bogotá: OEA, 1982), *El derecho a leer y a escribir* (México: Conaculta, 2005) e *Una mirada* (Bogotá: Asolectura, 2010).

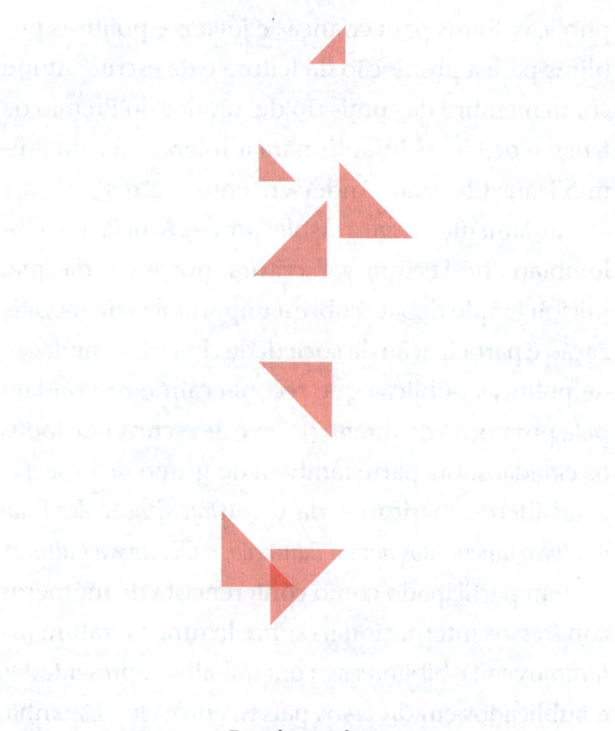

Esta obra recebeu
o selo Altamente
Recomendável pela
FNLIJ – Fundação
Nacional do Livro
Infantil e Juvenil,
em 2012.